Klaus Derksen

Arbeitszeugnisse

Bedeutung – Analyse – Zeugniscode – Musterzeugnisse

POCKET BUSINESS

Cornelsen

Verlagsredaktion: Ralf Boden
Technische Umsetzung: Holger Stoldt, Düsseldorf
Umschlaggestaltung: Ulrike Kuhr / Ellen Meister, Berlin
Titelfoto: © Somos / Veer / gettyimages ®

Informationen über Cornelsen Fachbücher und Zusatzangebote:
www.cornelsen.de/berufskompetenz

3. Auflage

Druck: Druckhaus Berlin-Mitte GmbH

ISBN 978-3-589-23799-9

Inhalt gedruckt auf säurefreiem Papier
aus nachhaltiger Forstwirtschaft.

Vorwort

Das Arbeitszeugnis, Deutsch oder doch Chinesisch?

In seinem letzten Arbeitszeugnis steht: „Herr Müller zeichnete sich insbesondere durch seine vielen Verbesserungsvorschläge zur Arbeitsvereinfachung und -erleichterung aus." Herr Müller hatte sich sehr über diesen Satz gefreut, zeigte er doch sein großes Interesse an den Arbeitsabläufen in dem Unternehmen, für das er zuletzt tätig gewesen war. Warum bekam er jetzt nur so wenige Einladungen zu Vorstellungsgesprächen?
Arbeitszeugnisse können verschlüsselte Botschaften enthalten, die das nächste Unternehmen über die Qualifikationen und Kompetenzen eines Bewerbers unterrichten. Diese verschlüsselten Botschaften, auch Zeugniscodes genannt, sind aus der Not heraus entstanden. Einerseits, verlangt die deutsche Rechtsprechung, muss ein Zeugnis „wohlwollend formuliert sein und darf den Beurteilten nicht am Weiterkommen hindern", andererseits besteht jedoch eine „Haftung für den Aussteller eines Zeugnisses, wenn durch eine wissentlich erteilte falsche Beurteilung einem anderen Unternehmen ein Schaden entsteht". So entwickelte sich im Laufe der letzten Jahrzehnte eine eigene Zeugnissprache, die für Außenstehende nicht auf den ersten Blick zu entschlüsseln ist.
Leider weiß unser Herr Müller nichts von der ‚Giftliste', jenem Teil der Zeugnissprache, die einen Bewerber in besonders schlechtes Licht rückt. So fehlt in unserem Beispiel der Zusatz: „…, die auch von uns erfolgreich umgesetzt wurden." Ohne den konkreten Hinweis auf die Realisierbarkeit der Vorschläge wird dieser scheinbar so positive Satz in sein Gegenteil verkehrt. Dem eingeweihten Leser wird nämlich so vermittelt, dass der Arbeitnehmer die Vorschläge entweder zur eigenen Arbeitserleichterung eingereicht hatte oder sie schlecht und unrealisierbar waren oder er sich nur wich-

tigmachen wollte. Es handelt sich also womöglich um einen besserwisserischen Nörgler.
Für Herrn Müller wäre es daher außerordentlich wichtig gewesen, hätte er auch zwischen den Zeilen seines Arbeitszeugnisses lesen können. Denn dann wüsste er jetzt genau, was sein letzter Arbeitgeber wirklich von ihm gehalten hat. Und er wüsste auch, auf welcher Grundlage er sich neuen Arbeitgebern vorstellt, und könnte sein Anschreiben zur Bewerbungsmappe und sein Vorstellungsgespräch dementsprechend ausrichten. Vor allem hätte er jedoch noch rechtzeitig nach Erhalt seines Zeugnisses gerichtlich gegen diesen Passus vorgehen können.
In diesem Buch erkläre ich Ihnen die gängigsten Zeugniscodes und biete Ihnen eine „Übersetzung" dafür an. Ich habe bewusst den Begriff „Übersetzung" gewählt, weil es sich wie bei einer Fremdsprache verhält: Eine Übersetzung 1:1 nach Begriffen und Grammatik ist nicht möglich. Die gleichen Codes können in unterschiedlichen Zusammenhängen eine völlig andere Bedeutung bekommen. Erschwerend kommt hinzu, dass es keine allgemein vereinbarten, schriftlichen Codes zwischen den Experten gibt. Gerade größere Unternehmen haben ihren eigenen Stil entwickelt und beurteilen eher vorsichtig (zurückhaltend), während kleinere Unternehmen emotionaler werten. Gerade bei Letzteren finden wir auch häufig Zeugnisse im Klartext ohne Code oder auch eine oft ungewollte Mischung aus beidem, weil der Zeugnisaussteller mit dem Zeugniscode nicht so vertraut war. Auch diese Unterschiede müssen bei einer Übersetzung erkannt und berücksichtigt werden.
Auf all diese Aspekte möchte ich in den folgenden Kapiteln eingehen und hoffe, Sie fühlen sich dann den ‚Geheimnissen' der Zeugnissprache gewachsen.

Im April 2010 *Klaus Derksen*

Inhalt

1 Die Zeugnisformen

Wir kennen verschiedene Zeugnisformen. Sie unterscheiden sich je nach Art der ausgeübten Beschäftigung bzw. des Arbeitsverhältnisses in Form und Inhalt.
Um Verwechslungen mit dem einfachen Zeugnis vorzubeugen, ist die Arbeitsbescheinigung zu erwähnen. Im Gegensatz zum Arbeitszeugnis ist die Arbeitsbescheinigung ein Formular von der Bundesagentur für Arbeit und wird vom Arbeitgeber ausgefüllt. Sie enthält den Zeitraum der Beschäftigung, die Art der Tätigkeit, den Arbeitslohn und den Grund für das Ende der Beschäftigung und dient zur Errechnung des Arbeitslosengeldes.

Das Ausbildungszeugnis

Man unterscheidet das einfache und das qualifizierte Zeugnis. Das einfache Zeugnis enthält:

- Angaben zur Person,
- Ausbildungsberuf,
- Firmenbeschreibung
- mit den zu erlernenden Fertigkeiten, evtl. die durchlaufenen Abteilungen,
- Ausbildungsbeginn und -ende.

Das qualifizierte Zeugnis enthält zusätzlich:

- Aussagen über die Führung und Leistung,
- das Lernverhalten, die Fähigkeit zu lernen und die Lernwilligkeit,
- erworbene Fertigkeiten und Kenntnisse,
- Lern- und Arbeitsweise sowie Arbeitserfolg,
- Schlussformulierung.

Ein qualifiziertes Zeugnis darf nur auf Wunsch des Auszubildenden ausgestellt werden. In der Praxis wird es aber eher umgekehrt gehandhabt und es werden fast ausschließlich qualifizierte Ausbildungszeugnisse angefertigt, es sei denn,

der Auszubildende erhebt dagegen einen Einwand. Legt ein Bewerber nur ein einfaches Zeugnis vor, wird daher häufig unterstellt, dass dies nur deshalb so ist, weil die Beurteilung sonst zu schlecht ausgefallen wäre.
Ein Anspruch entsteht erst am letzten Arbeitstag, mit dem Abbruch oder dem Ende der Ausbildung. Viele Betriebe, die den Auszubildenden nach der Ausbildung nicht weiter beschäftigen wollen oder können, stellen schon vorher ein Zwischenzeugnis aus. Mit diesem kann der Auszubildende sich um eine Stelle bemühen.

Das Praktikumszeugnis/Volontariatszeugnis

Auch der Praktikant hat Anspruch auf ein Zeugnis. Es gilt das Gleiche wie für Ausbildungszeugnisse. Bei Praktikumszeiten unter 6 Monaten wird üblicherweise nur ein einfaches Zeugnis ausgestellt. Ein Anspruch entsteht mit dem Abbruch oder dem Ende der Praktikumszeit am letzten Arbeitstag. In der Praxis sind qualifizierte Praktikantenzeugnisse durchweg mit der Note 2 bewertet. Kein Unternehmen erschwert ohne triftigen Grund einen Karrierestart. Vorsicht also bei Benotungen unter diesem Standard! Schon eine 3 kann bei Bewerbungen unangenehme Überraschungen mit sich bringen. Fordern Sie in diesem Fall besser ein einfaches Zeugnis.

Arbeitszeugnis als einfaches Zeugnis

Das einfache Zeugnis enthält:
- Angaben zur Person,
- Bezeichnung der Position,
- ausgeübte Tätigkeiten und die Verantwortung,
- Beschäftigungszeitraum.

Eine Bewertung hat grundsätzlich zu unterbleiben. Auch der Kündigungsgrund wird nicht genannt und darf nur auf ausdrücklichen Wunsch des Arbeitnehmers genannt werden. Dagegen ist es sehr positiv, wenn eine Schlussformulierung mit Dank und guten Wünschen eingefügt wird. Ein Anspruch entsteht am letzten Arbeitstag.

Arbeitszeugnis als qualifiziertes Zeugnis

Das qualifizierte Zeugnis enthält:

- Angaben zum Fachwissen, zur Arbeitsleistung und Leistungsbereitschaft,
- Aussagen über die Belastbarkeit und die Leistungsfähigkeit,
- Aussagen über die Arbeitsweise und den Arbeitserfolg,
- Aussagen über die Führung und Leistung,
- Erwähnung von außergewöhnlichen Erfolgen,
- Aussagen zum Sozialverhalten,
- Schlussformulierung.

Zwischenzeugnis

Ein Zwischenzeugnis unterscheidet sich zum qualifizierten Schlusszeugnis in drei Punkten:

- Es wird während der Beschäftigungszeit ausgestellt.
- Die Schlussformulierung weist auf das bestehende Arbeitsverhältnis hin oder die bereits vereinbarte Beendigung in der Zukunft mit Angabe des Enddatums und des Grundes für die Beendigung.
- Der Grund für die Anfertigung des Zwischenzeugnisses wird genannt.

Der Arbeitnehmer hat unter bestimmten Voraussetzungen einen Anspruch auf die Erstellung eines Zwischenzeugnisses:

- bei Vorgesetztenwechsel (hier sollte der scheidende Vorgesetzte Sie beurteilen),
- zur Vorlage für eine Weiterbildungsmaßnahme,
- bei Aufnahme einer anderen Tätigkeit im gleichen Unternehmen,
- bei gekündigtem Arbeitsverhältnis,
- bei Unterbrechung der Beschäftigung (Bundeswehr, Mutterschaft, Elternzeit usw.).

Es wird dringend davon abgeraten, ein Zwischenzeugnis ohne einen für den Arbeitgeber einsehbaren Grund anzufordern, um z.B. ein höheres Gehalt zu erreichen oder seinen

Marktwert zu testen. Sie erreichen vielleicht kurzfristig Ihr Ziel, haben sich aber Ihrem Arbeitgeber als möglicher Wechselkandidat offenbart. Bei nächster Gelegenheit werden Sie ersetzt. Ein potenzieller neuer Arbeitgeber erwartet in Ihrer Bewerbung ohnehin kein aktuelles Zwischenzeugnis.
Dennoch sollten Sie jeden oben genannten Grund ausnutzen und ein Zwischenzeugnis anfordern. Auch ein älteres Zwischenzeugnis hilft bei Bewerbungen und es fällt in der Regel besser aus als ein Schlusszeugnis, da man Sie behalten und motivieren möchte. Üblicherweise fällt deshalb das Zwischenzeugnis eine Note besser aus. Sollte das Arbeitsverhältnis in den nächsten zwei Jahren gelöst werden, orientiert sich der Arbeitgeber am Zwischenzeugnis. Er wird eine schlechtere Benotung im Endzeugnis sonst sehr gut begründen müssen (Bestandsschutz).

Befristetes Arbeitsverhältnis

Bei einer Beschäftigungszeit unter 6 Monaten erhalten Sie in der Regel ein einfaches Zeugnis. Es fehlt einfach die Zeit, um Sie näher kennenzulernen und zu beurteilen. Ein qualifiziertes Zeugnis mit einer Länge von mehr als einer Seite wirft Fragen auf. Als Besonderheit wird hier statt eines Kündigungsgrundes auf die Befristung hingewiesen.

Auf den Punkt gebracht:

- Es gibt unterschiedliche Arten von Arbeitszeugnissen mit unterschiedlichem Inhalt:
  - Ausbildungszeugnis,
  - Praktikumszeugnis,
  - einfaches Zeugnis,
  - qualifiziertes Zeugnis,
  - Zwischenzeugnis,
  - Zeugnis eines befristeten Arbeitsverhältnisses.
- Qualifizierte Zeugnisse enthalten wertende Aussagen, die einerseits der Wahrheit entsprechen, andererseits aber wohlwollend formuliert sein müssen.
- Aus diesem Umstand heraus hat sich die Zeugnissprache oder der Zeugniscode entwickelt, den Personaler verwenden, um gewissermaßen verschlüsselt die wahren Qualitäten des Arbeitnehmers zu offenbaren, ohne den Grundsatz des Wohlwollens zu verletzen.
- Indem sich der Arbeitnehmer für ein einfaches oder qualifiziertes Zeugnis entscheidet, kann er beeinflussen, ob Beurteilungen über sein Fachwissen, seine Leistungsbereitschaft, seine Arbeitsweise und Erfolge sowie sein Verhalten mit aufgenommen werden.

2 Was sagt der Gesetzgeber?

Jeder Arbeitnehmer hat Anspruch auf ein Arbeitszeugnis, unabhängig von Art und Dauer der Beschäftigung

Arbeitnehmer sind:

- gewerbliche Arbeitnehmer
- technische und kaufmännische Angestellte
- leitende Angestellte, auch Geschäftsführer
- Angestellte und Mitarbeiter des öffentlichen Dienstes
- Beamte (hier heißt das Arbeitszeugnis Dienstzeugnis)
- Auszubildende
- Werkstudenten, Praktikanten und Volontäre
- Beschäftigte in Ferien-, Aushilfs- und Nebenjobs
- Teilzeitbeschäftigte
- Heimarbeiter
- Leiharbeitnehmer (gegenüber dem „Zeitarbeitsunternehmen")
- Soldaten und Zivildienstleistende
- Freie Mitarbeiter und Handelsvertreter erhalten in der Regel statt eines Zeugnisses ein Empfehlungsschreiben (Referenz), es sei denn, im Vertrag wird ausdrücklich ein Zeugnis bei Lösen des Vertrages vereinbart.

Ein Zeugnis gibt es nur auf ausdrücklichen Wunsch des Arbeitnehmers und es sollte unmittelbar nach der Kündigung angefordert werden. Der Arbeitgeber hat dann nach § 630 BGB die Pflicht, das Zeugnis auszustellen, ohne Rückhalterecht. Das heißt, das Arbeitszeugnis kann nicht zurückbehalten werden, bis Sie z.B. den Dienstwagen oder die Arbeitskleidung zurückgegeben haben.

Der Anspruch auf die Aushändigung eines Arbeitszeugnisses entsteht mit der Beendigung des Arbeitsverhältnisses am letzten Arbeitstag. Dabei ist es unerheblich, ob Sie an diesem Tag krankgeschrieben sind, Urlaub haben oder arbeiten. Der Anspruch entsteht immer, unabhängig von Art und Grund der Kündigung. Es ist auch unerheblich, wer die Kündigung ausgesprochen hat. Einen Anspruch auf vorzeitige Aushändigung haben Sie nicht.

Ein Zeugnisanspruch verjährt rechtlich gesehen erst nach drei Jahren (Neuregelung des § 195 BGB seit 01.01.2002). In der Praxis ist aber dieser scheinbar kurze Zeitraum kaum durchzusetzen. Die ehemaligen Vorgesetzten sind vielleicht nicht mehr da oder können sich nicht mehr ausreichend erinnern. Es existiert auch sonst niemand, der Sie noch beurteilen könnte. Anders sieht es aus, wenn ein Zeugnis erstellt wurde und Sie dieses durch Umzug oder Brand verloren haben. Da die Unternehmen die Unterlagen (man geht hier von 10 Jahren aus) aufbewahren müssen, können Sie eine Kopie nachverlangen, sofern es dem Arbeitsgeber zumutbar ist.

Bei längeren Kündigungszeiten haben Sie Anspruch auf ein Zwischenzeugnis. In der Praxis geht man ab einer Kündigungsfrist von drei Monaten von diesem Anspruch aus und erstellt Ihnen üblicherweise ohne Probleme ein Zwischenzeugnis. Mit diesem Zwischenzeugnis können Sie sich dann bei anderen Unternehmen bewerben. Bei kürzeren Kündigungsfristen werden vielfach auch freiwillig vom Arbeitgeber Zwischenzeugnisse ausgestellt, insbesondere dann, wenn betriebsbedingte Kündigungsgründe vorliegen.

Der Inhalt eines Zwischenzeugnisses wird in der Regel unverändert in das Endzeugnis übernommen, wenn zwischenzeitlich keine außergewöhnlichen Dinge vorgefallen sind. Im Streitfall muss der Arbeitgeber diese Vorfälle dann beweisen können. Kann er dies nicht, können Sie die Formulierungen des Zwischenzeugnisses verlangen.

> Arbeitszeugnisse sind außerordentlich wichtige Dokumente. Sie sollten darauf achten, dass Sie zeitnah zum Ende des Beschäftigungsverhältnisses ein angemessenes Arbeitszeugnis bekommen; zur Not mithilfe eines Rechtsanwaltes.

Formelle Anforderungen des Gesetzgebers an ein Zeugnis

Die erste Seite des Arbeitszeugnisses muss auf dem Briefbogen des Unternehmens ausgefertigt werden, wenn das Unternehmen solche üblicherweise benutzt, weitere Seiten auf neutralem Papier oder, wenn vorhanden, auf Firmenpapier. Um das Unternehmen eindeutig identifizieren zu können, müssen mindestens der Name des Unternehmens, die Rechtsform (z.B. GmbH), die HRB-Nummer, der/die Namen der Geschäftsführung oder des Vorstandes sowie die Firmenanschrift vermerkt sein. (Anmerkung: Das Adressfeld des Briefes [1] bleibt frei, da es sich hier um ein Dokument und nicht um einen Brief handelt. Als Betreff wird die Zeugnisform genannt, z.B. Ausbildungszeugnis [2].)

Die Unterschrift unter einem Arbeitszeugnis muss immer von einem durch die Unterschrift erkennbaren ranghöheren Mitarbeiter des Unternehmens geleistet werden (3). (Anmerkung: Auch der Zusatz „Personalabteilung" bei der Unterschrift kann die Berechtigung ausdrücken. Sie sollten darauf achten, dass ein möglichst ranghoher Mitarbeiter unterschreibt. Die Unterschrift des Geschäftsführers oder Prokuristen wertet das Arbeitszeugnis auf und zeigt die Wertschätzung, die man Ihnen entgegenbringt. Allerdings haben Sie keinen Rechtsanspruch darauf, wer das Zeugnis unterschreibt.)
Das Zeugnis muss handschriftlich unterschrieben werden. Unter dem Namenszug ist der Name in Maschinenschrift zu wiederholen, damit man den Unterzeichner identifizieren kann, denn nicht jede Unterschrift ist lesbar.

Zur Unterschrift gehört das Datum (4). Das Datum steht entweder in der Nähe der Unterschrift oder rechts oben im Briefbogen. In der Regel wird das Datum des Ausscheidens, also der letzte Arbeitstag, eingesetzt.
Wird das Zeugnis später angefertigt, so wird dennoch das Datum des Ausscheidens eingetragen, das Zeugnis also rückdatiert. Der Gesetzgeber erhebt gegen diese Praxis keinen Einspruch.

Ist das Datum der Zeugnisausstellung nicht identisch mit dem Datum des Ausscheidens oder liegt gar erheblich später, schließt der Personaler auf einen möglichen Arbeitsprozess. Das Arbeitszeugnis wurde dann erst nach Abschluss des Prozesses angefertigt. Auf eine Rückdatierung haben Sie im Falle eines Rechtsstreites keinen Rechtsanspruch.

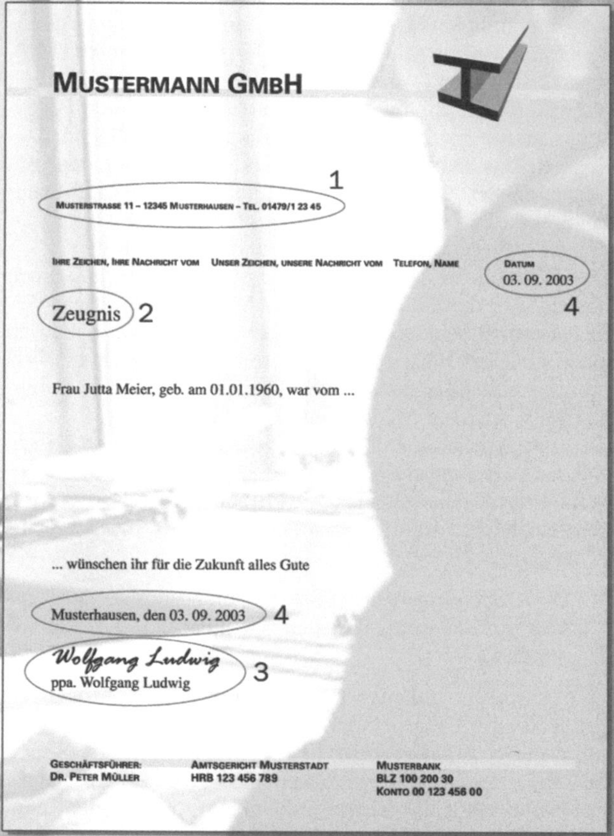

MUSTERMANN GMBH

MUSTERSTRASSE 11 – 12345 MUSTERHAUSEN – TEL. 01479/1 23 45 1

IHRE ZEICHEN, IHRE NACHRICHT VOM UNSER ZEICHEN, UNSERE NACHRICHT VOM TELEFON, NAME DATUM 03. 09. 2003 4

Zeugnis 2

Frau Jutta Meier, geb. am 01.01.1960, war vom ...

... wünschen ihr für die Zukunft alles Gute

Musterhausen, den 03. 09. 2003 4

Wolfgang Ludwig
ppa. Wolfgang Ludwig 3

GESCHÄFTSFÜHRER: DR. PETER MÜLLER AMTSGERICHT MUSTERSTADT HRB 123 456 789 MUSTERBANK BLZ 100 200 30 KONTO 00 123 456 00

Grundsätzlich ist das Arbeitszeugnis schriftlich zu erteilen, und es ist inzwischen auch anerkannt, dass der Arbeitnehmer verlangen kann, dass dieses maschinenschriftlich erstellt wird. Mit seinem Urteil vom 23. Juni 1960 hat das Bundesarbeitsgericht die rechtlichen Grundlagen für das Abfassen und Formulieren von Arbeitszeugnissen gelegt: In diesem Urteil wird verlangt, dass ein Zeugnis zugleich wahr sein soll und von verständigem Wohlwollen für den Arbeitnehmer getragen sein muss, um sein berufliches Fortkommen nicht unnötig zu erschweren.

Da also jedes Zeugnis wohlwollend zu formulieren ist, erkennt man ein gutes Arbeitszeugnis an seiner Nachdrücklichkeit, das heißt an der Verwendung von Superlativen („zur vollsten Zufriedenheit“, „stets zur vollen Zufriedenheit“ usw.) und an Adjektiven der Hervorhebung („herausragend“, „hervorragend“, „außergewöhnlich“ etc.).

Des Weiteren müssen positive Aussagen im Zeugnis auch „belegt“ werden. Der Satz: „Herr Meier brachte viele Verbesserungsvorschläge ein“ ohne den Beleg: „die im Betrieb zu erheblichen Einsparungen führten“ drängt eher die Vermutung auf, dass diese Vorschläge nutzlos waren, möglicherweise sogar in Nörgelei ausarteten.

Das gute Arbeitszeugnis ist auch vollständig. Das Weglassen wichtiger Bewertungsbestandteile zum Beruf ist negativ. Wenn einer Kassiererin nicht die Ehrlichkeit bescheinigt wird, geht ein Personaler oftmals automatisch von deren Unehrlichkeit aus.

> Die Gerichte geben dem Wahrheitsgrundsatz den Vorrang vor der wohlwollenden Formulierung des Arbeitszeugnisses.

Dieser Grundsatz dient vor allem dem Schutz künftiger Arbeitgeber. Ein Unternehmer macht sich schadenersatzpflichtig, wenn er negative Tatbestände im Zeugnis verschweigt. Die Balance zwischen Wahrheit und Wohlwollen ist eine Gratwanderung, die es notwendig macht, sich mit der Zeugnissprache eingehend zu befassen. Der Zeugnisaussteller ist für das Arbeitszeugnis haftbar, wenn einem neuen Arbeitgeber durch gravierende Mängel des Zeugnisses Schaden entsteht. Wird einem Kassierer die Ehrlichkeit bescheinigt, obwohl er Geld unterschlagen hat, kann der ehemalige Arbeitgeber zur Kasse gebeten werden. Der Kassierer kann deshalb nicht auf einer Formulierung bestehen, wenn sie nicht den Tatsachen entspricht.

Jedoch dürfen auf gar keinen Fall Vorstrafen des Arbeitnehmers erwähnt oder auf sie hingewiesen werden.

Wenn Sie Zweifel an den Aussagen Ihres Arbeitszeugnisses haben, wenden Sie sich unverzüglich an einen Fachanwalt für Arbeitsrecht und lassen Sie das Zeugnis beurteilen.

Das Honorar zwischen 50 und 150 Euro können Sie vorab aushandeln. Diese Investition lohnt sich im Zweifelsfalle immer. Sie können das Zeugnis auch bei Fachfirmen vorlegen und beurteilen lassen, z.B. bei privaten Arbeitsvermittlungen. Eine rechtliche Beratung dürfen aber nur Fachanwälte durchführen. Dieser Aufwand ist gerechtfertigt, da das Arbeitszeugnis eine maßgebliche Grundlage für Ihre neue Anstellung bildet. Zwischen einem sehr guten und einem ausreichenden Zeugnis liegen immer einige hundert Euro Gehaltsunterschied.

> Ein Zeugnis begleitet Sie Ihr ganzes Leben. Auch nach 20 Jahren liegt das Arbeitszeugnis immer noch jeder neuen Bewerbungsunterlage bei.

Die Rechtanwaltskosten in einem Arbeitsgerichtsverfahren trägt, unabhängig vom Ausgang in der ersten Instanz, jede Partei selbst. Als Streitwert bei einer Zeugniserteilungs- oder -berichtigungsklage ist ein Bruttomonatsgehalt als Bemessungswert anzusetzen. Faustformel: Bei einem Streitwert von 2.500 Euro belaufen sich die Rechtsanwalts- und Gerichtskosten auf ca. 500 Euro.

Anspruch auf Schadenersatz hat der Arbeitnehmer, wenn der Arbeitgeber das Arbeitszeugnis überhaupt nicht, verspätet oder unrichtig ausstellt. Der Schaden ist der Betrag, der dem Arbeitnehmer infolge Nichteinstellung oder verspäteter Einstellung am neuen Arbeitsplatz entgeht oder den er verliert, weil er nur zu einem geringeren Verdienst eingestellt wird. Die Beweislast liegt beim Arbeitnehmer.

Und: Es ist zulässig, dass ein künftiger Arbeitgeber über das Zeugnis hinausgehende Informationen beim früheren Unternehmen einholt. Einzige Einschränkung ist, dass auch diese Auskünfte im Sinne einer wahrheitsgemäßen Zeugniserteilung richtig und wohlwollend sein müssen.

Da es keine Norm gibt, kann eine Leistung sehr unterschiedlich bewertet werden. Bei dem einen Unternehmen wird schon die erste Überstunde und bei einem anderen Unternehmen erst ab der fünfzehnten Überstunde die Mehrarbeit bezahlt. Außerdem kann schon die Tagesstimmung des Vorgesetzten für die Benotung ausschlaggebend sein. Deshalb holen gute Personaler keine Auskünfte ein. Man verlässt sich auf das eigene Beurteilungsvermögen und nicht auf die Meinung Dritter, deren Beurteilungskriterien man nicht kennt.

Anders verhält es sich, wenn negative Beurteilungen auffallen. Auch hier verschafft sich der Personaler lieber selber seine Meinung, aber er wird die negativen Bemerkungen berücksichtigen und hier im Bewerbungsgespräch ganz besonders nachfragen. Sollten sich diese negativen Beurteilungen jedoch in mehreren Arbeitszeugnissen wiederholen, so läuten doch die Alarmglocken schon sehr laut.

Für Rückfragen gibt es eine Ausnahme: Nämlich dann, wenn der Verdacht besteht, das Zeugnis könnte gefälscht sein. In diesem Fall wird die Richtigkeit des Zeugnisses abgeklärt (einfache Anfrage mittels Fax oder Mail und Scan). Übrigens: Ist ein Zeugnis gefälscht, muss mit einer Anzeige wegen Urkundenfälschung gerechnet werden (siehe Kap. 9)!

Tipp

Bevor Sie einen Prozess starten, sollten Sie alle Möglichkeiten nutzen, sich mit Ihrem bisherigen Arbeitgeber gütlich zu einigen. Es gibt genug Möglichkeiten für den Zeugnisaussteller, möglichen Ärger über Sie im Zeugnis auszudrücken, und sei es nur über ein nach dem Austrittsdatum liegendes Ausstellungsdatum des Zeugnisses.

Auf den Punkt gebracht:

- Jeder Arbeitnehmer hat Anspruch auf ein Arbeitszeugnis, unabhängig von Art und Dauer der Beschäftigung.
- Ein Zeugnis gibt es nur auf ausdrückliches Verlangen des Arbeitnehmers.
- Ein Zeugnisanspruch verjährt rechtlich gesehen nach drei Jahren.
- Das Arbeitszeugnis muss auf dem Briefbogen des Unternehmens ausgefertigt werden.
- Die Unterschrift unter einem Arbeitszeugnis muss immer von einem durch die Unterschrift erkennbar ranghöheren Mitarbeiter des Unternehmens geleistet werden.
- Das Zeugnis muss handschriftlich unterschrieben werden.
- Unter dem Namenszug ist der Name in Maschinenschrift zu wiederholen.
- Zur Unterschrift gehört das Datum.
- Der Wahrheitsgrundsatz hat Vorrang vor der wohlwollenden Formulierung des Arbeitszeugnisses.
- Der Zeugnisaussteller ist für die Richtigkeit des Arbeitszeugnisses haftbar.
- Lassen Sie im Zweifelsfall das Zeugnis beurteilen.

3 Bedeutung von Arbeitszeugnissen bei der Einstellung und ihre Bewertung durch Personaler

Die lückenlose Abfolge von Schulzeugnissen, Abschlüssen, Weiterbildungen und Arbeitszeugnissen gibt dem Personaler einen Einblick in den beruflichen Lebensweg des Bewerbers.
Die Beschreibungen der Tätigkeiten verraten etwas über die gesteigerten Qualifikationen und mit den Jahren gewachsenen Verantwortungen.
Abgebrochene Ausbildungen und anschließende Umorientierungen oder ein Neubeginn mit Umschulung beschreiben auch Irrtümer und die Suche nach dem richtigen Weg.
Auch die Flexibilität des Bewerbers kann dokumentiert werden, wenn veränderte Arbeitsbedingungen Berufsbilder verändert haben und der Bewerber entsprechend darauf reagiert hat.
Die Aussagen über das Sozialverhalten deuten auf Teamfähigkeit oder auch auf den Einzelgänger hin. Sie zeigen, wie ein Bewerber sich in eine Firmenstruktur einbringen kann.
Leistungs- und Wissensstandsaussagen in den Arbeitszeugnissen sind häufig die einzigen Aussagen, die ein Personaler hat, um beurteilen zu können, ob der Bewerber die neuen Aufgaben fachlich bewältigen kann. Die Beschäftigungsdauer in den jeweiligen Unternehmen offenbart den „Jobhopper“ oder den „leidensfähigen Mitarbeiter“, der auch bei Krisen und Problemen im Unternehmen bleibt.
Die Schlusssätze berichten darüber, wie der Arbeitnehmer sich vom Unternehmen getrennt hat und fassen die Beurteilung noch einmal zusammen.

Ein einzelnes Arbeitszeugnis hat für sich alleine gesehen nur einen beschränkten Aussagewert. Erst die Abfolge mehrerer Zeugnisse, mit möglicherweise sich wiederholenden Aussagen über Vor- oder Nachteile, sind aufschlussreich. Interessant sind ohnehin nur die Arbeitszeugnisse der letzten 10 Jahre. Innerhalb von 10 Jahren entwickelt sich ein Mensch weiter. Auch Sie sind heute ein ganz anderer als der, der Sie vor 10 Jahren waren. Wenn ein junger Mensch in die Kasse gegriffen hat und erwischt wurde, verjährt diese Dummheit rechtlich gesehen. Aber im alten Arbeitszeugnis lesen wir es noch nach 30 Jahren. Das sollten wir heute niemandem mehr vorhalten, wenn der folgende Lebenslauf „ohne Makel“ ist.

3.1 Die Fehlerquellen

Die Arbeitszeugnisse sind im bewertenden Teil die Meinung Dritter über Sie. Das Arbeitszeugnis soll den Mitarbeiter möglichst objektiv nach verschiedenen Gesichtspunkten bewerten. Aber es gibt keine international gültige Messlatte für Fleiß oder Tüchtigkeit. Was für den einen „sehr fleißig“ ist, bedeutet für den anderen „Vortäuschung von Beschäftigung“ oder „nicht effektiv“. Auch die Formulierung „sehr belastbar“ fängt bei dem einen mit 5 Überstunden pro Woche an, bei einem anderen erst mit 10.
Neben den rein sachlichen/zählbaren Informationen kommen noch psychologische Momente hinzu, die eine möglichst objektive Bewertung erschweren.
Wir kennen den Zeugnisschreiber nicht. Wir kennen auch seine Urteilsfähigkeit nicht. Wir wissen nicht, wie Zeugnisschreiber und Beurteilter zueinander standen. Wir wissen nicht wirklich, warum der Arbeitsvertrag gelöst wurde.
Es gibt unzählige Gründe, die zu einer besseren oder schlechteren Beurteilung führen können. Einige Beispiele:

- Es kam ein neuer Vorgesetzter, der einen altgedienten Mitarbeiter aus persönlichen Gründen nicht ertragen konnte.

- Die Mitarbeiterin ließ ihren Vorgesetzten „abblitzen".
- Der Mitarbeiter war im Fachgebiet dem Vorgesetzten überlegen.
- Das Unternehmen muss aus wirtschaftlichen Gründen Personal abbauen. Der Chef ist gezwungen, selbst einen langjährigen Mitarbeiter zu entlassen, der ihm im Laufe der Jahre fast unentbehrlich wurde und seinetwegen einiges in Kauf genommen hat. Wird da ein Arbeitszeugnis nicht um eine Note besser geschrieben?
- Ein Arbeitgeber verspricht „ein gutes Zeugnis", wenn man sich bei der Abfindung außergerichtlich einigt.
- Der Spitzenmanager musste einen „Bauern" opfern, um seinen eigenen Kopf zu retten. Der „Bauer" wird mit Abfindung und „gutem Zeugnis" verabschiedet.
- Ein Beamter wird mit überdurchschnittlicher Beurteilung „weggelobt".
- Der Vorgesetzte meint wohlwollend: „Schreiben Sie sich doch Ihr Zeugnis selbst."

Eine weitere Fehlerquelle ist der individuelle Wissensstand des Zeugnisausstellers. Wir finden häufig in kleineren Betrieben, in denen nur wenige Zeugnisse im Laufe der Jahre ausgestellt werden, nur ein unzureichendes Wissen. In bester Absicht können hier Formulierungen verwendet werden, die üblicherweise zur totalen Abwertung führen. Es können auch Formfehler gemacht werden, sodass das Zeugnis rechtlich ungültig ist, und man könnte deshalb eine plumpe Fälschung unterstellen.

Fehlenden Zeugnissen wird unterstellt, dass sie sehr schlecht sein müssen, sonst hätte sie der Bewerber ja beigelegt. Aber Zeugnisse können abhandenkommen, und vielleicht existiert der Betrieb nicht mehr, sodass man das Zeugnis nicht nachbekommen kann.

Und letztendlich der Code selbst: Im Internet finden wir unzählige Websites mit Code-Schnipseln. Einzelne Formulierungen werden hier jeweils unterschiedlich interpretiert.

Ja, woran soll man sich denn da halten? Im Zweifelsfalle ist

immer der erfahrene Personaler gefordert, der all das unterscheiden kann. Wirklich komplizierte Zeugnisse sind aber sehr selten. In den meisten Fällen können Sie den Inhalt selbst entschlüsseln. Wenn Sie sich allerdings nicht sicher sind, holen Sie sich Rat bei einem Fachmann.
Auf jeden Fall sollten Sie sich mit dem Zeugnis sofort nach Erhalt auseinandersetzen, um den Inhalt zu verstehen. Direkt nach der Aushändigung des Zeugnisses (1 bis 3 Tage) hat man die größte Chance, in einem Gespräch mit dem Vorgesetzten Änderungen einzubringen.

3.2 Die Aussagefähigkeit des Arbeitszeugnisses

Ist ein Zeugnis perfekt im Zeugniscode geschrieben, ist es leicht zu entschlüsseln. Auch Zeugnisse, die im Klartext ohne Code geschrieben wurden, sind eindeutig. Schwierig werden Zeugnisse, die zwar im Zeugniscode geschrieben wurden, aber neue Sätze enthalten, die nicht dokumentiert sind. Hier hat ein Personaler sich Mühe gegeben und versucht aus einer Not heraus, etwas Neues zu beschreiben. Vielleicht hat ein Arbeitnehmer auf dem „stets außerordentlich zufrieden" bestanden. Kein Problem. Dafür wird das an einer anderen Stelle widerrufen und das Zeugnis stimmt wieder.
Es gibt unzählige Gründe, warum ein Absatz im Arbeitszeugnis so formuliert ist und nicht anders. Da wir die Gründe nicht kennen, können wir letztendlich nur Vermutungen über den Sinn oder den Hintergrund dieser Zeugnispassage anstellen. Meist liegen wir ja richtig, aber wir können es nicht mit hundertprozentiger Sicherheit behaupten.
Warum dann dieser Aufwand? Zunächst einmal sind die Bewerbungsunterlagen und damit auch die Arbeitszeugnisse die einzige Entscheidungsgrundlage, wer für ein Vorstellungsgespräch eingeladen wird. Bedenken Sie bitte, dass auf eine Annonce oder eine Stellenausschreibung im Internet auch schon einmal 100 oder sogar über 200 Bewerbungen eingehen. In der ersten Runde werden aber nur vier bis ma-

ximal sechs Bewerber zum Vorstellungstermin gebeten. Ist jemand darunter, der zusagt, werden den restlichen Bewerbungen automatisch Absagen geschickt. Auf keinen Fall werden alle Bewerber eingeladen. Die Arbeitszeugnisse dienen in dieser Stufe also der Vorauswahl und haben damit eine große Bedeutung.
In der nächsten Stufe sind Arbeitszeugnisse dann eine hervorragende Gesprächsgrundlage für das Vorstellungsgespräch. Personaler bereiten sich anhand des Zeugnisses vor und prüfen, ob das Bild, das sie sich anhand der Zeugnisunterlagen gemacht haben, mit dem Interviewten übereinstimmt.
Gerade Besonderheiten in einem Arbeitszeugnis bieten Anlass, tiefer ins Gespräch zu kommen. Bewerber werden offen oder indirekt mit den Zeugnispassagen konfrontiert und ihre Reaktionen und Erklärungen genau zur Kenntnis genommen. Letztendlich sind es gerade diese Besonderheiten, die dann Möglichkeiten einer individuellen Beurteilung bieten.

3.3 Die Bewertung der Noten im Arbeitszeugnis

Gute bis befriedigende Zeugnisse ohne besondere Formulierungen rufen eigentlich nur ein Nicken hervor. In der Regel werden folgende allgemeine Aussagen getroffen:

- Beschäftigungszeit ist bestätigt.
- Art der Tätigkeit und Verantwortung ist bestätigt.
- Keine besonderen Vorkommnisse.

Das Urteil lautet dann gewöhnlich: Die Bewerbung liegt im Durchschnitt.

Interessant dagegen sind ausreichende und schlechtere Zeugnisse. Hier müssen die Abweichungen vom Durchschnitt geklärt werden:

- Warum wurde die Leistung nicht erreicht?
- Warum gab es Probleme im Sozialverhalten?
- Warum waren manche Bewertungen unter dem Durchschnitt?

In diesen Fällen versucht der Interviewer gemeinsam mit dem Bewerber im Vorstellungsgespräch die Ursache/n herauszufinden. Es wird abgeschätzt, wie im neuen Unternehmen die Chancen stehen, auf eine mindestens durchschnittliche Leistung oder akzeptables Verhalten zu kommen. Eventuell muss nachgeschult werden, wobei vielleicht die Arbeitsagentur finanziell hilft. Auch Erwartungen im Sozialbereich müssen angesprochen werden, damit sich beide Parteien über Chancen und Risiken im Klaren sind.
Das Urteil ist dann in der Regel: Hier ist zusätzliche Arbeit nötig und Weiterbildungskosten sind zu investieren!

> Bei schlechten Bewertungen im Arbeitszeugnis sollten Sie mit Fragen im Bewerbungsgespräch rechnen, die sich mit den Gründen für die schlechte Bewertung befassen. Darauf sollten Sie sich sorgfältig vorbereiten, um gute Antworten parat zu haben.

Besonders wertvoll sind sehr gute und bessere Zeugnisse. Auch hier ist die Klärung der Abweichungen vom Durchschnitt das Wichtigste:

- Was waren die Erfolge und wie kamen sie zustande?
- Worin liegt die Motivation?
- Was braucht dieser Bewerber, dass er bei uns mindestens so erfolgreich ist?

Wenn Sie keine plausiblen und nachvollziehbaren Erklärungen für die guten Zeugnisnoten haben, kommen Sie in den Verdacht, das Zeugnis selbst geschrieben oder gefälscht zu haben. Stellen Sie also Ihr Licht nicht unter den Scheffel.

> Letztendlich entscheidet nicht die Note Ihres Arbeitszeugnisses allein über die Einstellung. Es ist vielmehr die Frage, ob Sie in Ihrer Art und Ihren Ansprüchen ins Unternehmen passen und ob Sie im neuen Unternehmen ebenso erfolgreich sein werden oder noch erfolgreicher werden können. Aber eine schlechte Note kann das Bewerbungsgespräch verhindern, solange Bewerber mit besseren Noten da sind.

Auf den Punkt gebracht:

- Arbeitszeugnisse geben durch Tätigkeitsbeschreibungen und Bewertungen einen Überblick über den beruflichen Werdegang.
- Letztlich sind nur die letzten 10 Jahre interessant.
- Zeugnisse sind Aussagen Dritter. Da man diese nicht kennt und auch nicht die Situation, in der sie das Zeugnis ausgestellt haben, sind Zeugnisse für Personaler nur Anhaltspunkte.
- Gute und befriedigende Zeugnisse sind Standard und nichts Besonderes.
- Ausreichende und schlechtere Zeugnisse werden genau analysiert und mit dem Bewerber besprochen.
- Sehr gute und bessere Zeugnisse werden ebenfalls genau analysiert, um im Bewerbungsgespräch die Erfolgsgeheimnisse zu besprechen.
- Auf Nachfragen bei vom Durchschnitt abweichenden Inhalten des Zeugnisses sollten Sie vorbereitet sein.
- Im Endeffekt entscheidet nicht die Zeugnisnote über die Einstellung, sondern ob Sie ins Unternehmen passen. Aber eine schlechte Note kann das Bewerbungsgespräch verhindern.

4 Was je nach Berufsgruppe im Arbeitszeugnis erwähnt werden sollte

Bei jeder Berufsgruppe gibt es besondere Kenntnisse und Fähigkeiten, die erwähnt werden sollten, bei einigen auch erwähnt werden müssen. So kann bei einem Architekten durchaus dessen Kreativität gelobt werden, bei einem Buchhalter wäre das dagegen vernichtend. Deshalb werden als Nächstes einige dieser Kenntnisse und Fähigkeiten berufsrelevant aufgeführt. Die wichtigen Fähigkeiten sind farblich hervorgehoben. Die übrigen können, müssen aber nicht im Arbeitszeugnis vorkommen. Alle werden auch nur in sehr guten Zeugnissen und bei längeren Beschäftigungszeiten Erwähnung finden. Einen Rechtsanspruch haben Sie nicht darauf.

Denken Sie bitte auch daran, dass ein Zeugnis vom „Weglassen“ lebt. Es kann durchaus sein, dass die eine oder andere Fähigkeit bewusst weggelassen wurde, um damit eine schlechte Note oder einen Mangel auszudrücken. Vielleicht wurde es aber auch schlichtweg vergessen. Im Zweifelsfall sollten Sie Ihren Chef darauf ansprechen.

Architekt

Kreativität, darstellerische Fähigkeiten, zeichnerische Fähigkeiten, Fachkenntnisse, Genauigkeit, konzeptionelle Fähigkeiten, Organisationstalent, selbstständiges Arbeiten, Teamfähigkeit, Verhandlungsgeschick, Kontaktfähigkeit, Einfühlungsvermögen in Kundenwünsche

Ausbilder

Pädagogische Fähigkeiten, Menschenkenntnis (Jugendpsychologie), Führungseigenschaften und Lernbereitschaft, Fachbeherrschung, Verantwortungsbewusstsein, Arbeitsgesinnung und Zuverlässigkeit, Willenskraft und Einsatzbereitschaft, Denkvermögen und Wendigkeit

Auszubildende

Auffassungsgabe, Lernwilligkeit und -fähigkeit, Fleiß, Ordnung und Pünktlichkeit, Ehrlichkeit, Arbeitsverhalten, Arbeitsausführung, besondere Eignung, Initiative, Einsatzbereitschaft, soziales Verhalten, Berichtsheft

Angelernte

Aufmerksamkeit und Auffassungsgabe, Arbeitsmenge und -tempo, Zuverlässigkeit, Unfallsicherheit, Sozialverhalten

Außendienst

Verkaufs- und Verhandlungsgeschick, Verkaufserfolge, selbstbewusstes Auftreten und hohe Frustrationstoleranz, mündliche Ausdrucksfähigkeit und Überzeugungskraft, Beharrlichkeit und Ausdauer, konzeptionelles- und Organisationstalent, Lernfähigkeit, (berufsspezifische) Branchen-, Markt- und Warenkenntnisse, souveränes und zügiges Beschaffen und Auswerten von Informationen, Eigenmotivation und Erfolg

Bankkaufmann

Fachwissen und kaufmännische Fähigkeiten, Planen, Organisieren, Verwalten, mathematische und Sprachkenntnisse (Englisch), Kontaktfähigkeit und -freudigkeit, Umgangsformen, äußeres Erscheinungsbild, Persönlichkeit, Menschenkenntnis, Eigenmotivation und Erfolg

Buchhalter

Ehrlichkeit, Sorgfalt, Ordnung und Zuverlässigkeit, Fachwissen und Rechnen, Verantwortungs- und Selbstbewusstsein, Ausdauer, Organisationstalent, EDV-Kenntnisse, Bereitschaft zur Weiterbildung

Buchhändler

Kaufmännische Fähigkeiten, Fachwissen, Allgemeinbildung, Bücherkunde, Sprachkenntnisse, sprachlicher Ausdruck, Marketing, neue Medien, Datenverarbeitung, Verhandlungsgeschick, Kontaktfähigkeit, Umgangsformen, Menschenkenntnis, Bildungsgrad, Intelligenz

Controller

Wie Buchhalter, mit dem entscheidenden Unterschied, dass der Controller prognostisch-kalkulatorisch arbeitet. Daher kommen Führungsqualitäten und statistisch-kalkulatorische Eigenschaften hinzu.

Dolmetscher

Konzentrations- und Stressfähigkeit, Fremdsprachen, sprachlicher Ausdruck, Sprachbeherrschung, Allgemeinwissen, visuelles Vorstellungsvermögen, schauspielerische Fähigkeiten, Lernfähigkeit, Denkvermögen, Umgangsformen, Kontaktfreudigkeit, Menschenkenntnis, Dispositionsvermögen, Anpassungsfähigkeit und Sorgfalt

Erzieher

Einfühlungsvermögen, Liebe zu Kindern, Autorität, Vertrauen, psychologisches und medizinisches Grundwissen, musische und gestalterische Fähigkeiten, Geschicklichkeit und Kreativität, Beratungs- und Kooperationsfähigkeit, Allgemeinbildung, Fachwissen (Pädagogik, Sozialkunde, Kunst- und Werkerziehung), Umgangsformen, Urteilsvermögen, Organisationsgabe

Finanzbeamter

Fachkenntnisse (deutsches und internationales Steuerrecht, Buchführung, privates und öffentliches Recht, Volkswirtschaftslehre und Wirtschaftskriminalität), Ehrlichkeit, Sorgfalt, Ordnung und Zuverlässigkeit, Allgemeinwissen und Rechnen, Verantwortungs- und Selbstbewusstsein, Ausdauer, Organisationstalent, EDV-Kenntnisse, Bereitschaft zur Weiterbildung, Umgang mit Bürgern

(Fabrik-)Arbeiter

Aufmerksamkeit und Auffassungsgabe, Arbeitstempo und -menge, Zuverlässigkeit, Unfallsicherheit, Sozialverhalten

Fernfahrer/Chauffeur

Fachkenntnisse, Anstrengungsbereitschaft und Belastbarkeit, Aufmerksamkeit, allgemeiner Gesundheitszustand, Einsatzbereitschaft, körperliche Leistungsfähigkeit, Unfallsicherheit, Ehrlichkeit und Zuverlässigkeit, sicheres Verhalten bei Fehlern, Selbstständigkeit und Berufserfahrung, Diskretion, gepflegtes Auftreten, hohe zeitliche Verfügbarkeit

Führungskraft

Führungs- und pädagogische Fähigkeiten, Verhandlungsgeschick, Kontaktfähigkeit und Organisationsgabe, Menschenkenntnis und Umgangsformen, Durchsetzungsvermögen, Erfolge

Grafiker

Schöpferische Begabung, Geschicklichkeit und Sorgfalt,

Vorstellungsvermögen, Sicherheit und Selbstständigkeit, Arbeitsgüte, Arbeitstempo und Teamarbeit

Handwerker

Arbeitsplanung, Arbeitsgüte und Arbeitsmenge, Geschicklichkeit, Selbstständigkeit, Zuverlässigkeit und Sorgfalt, Kostenbewusstsein, Verhalten gegenüber Gleichgestellten

Hotelfachmann

Wendigkeit, Konzentration, Verhandlungsgeschick, Planungs- und Organisationstalent, Leitungs- und Führungsqualitäten, mathematische Fähigkeiten, Kontaktfreudigkeit, Improvisationstalent, Selbstständigkeit, Umgangsformen, äußeres Erscheinungsbild, sicheres Auftreten, Geduld, Einfühlungsvermögen, Belastbarkeit, Einsatzfreude, Vertrauenswürdigkeit

Informatiker

Fachwissen (Mathematik, Physik, Nachrichtentechnik, Sprachwissenschaft, Programmiersprachen), Gedächtnis, Konzentrationsfähigkeit, logisches Denkvermögen, Organisationsgabe, wirtschaftliches Denken, Dispositionsvermögen, Führungseigenschaften, Entschlusskraft, Funktionsfähigkeit der geschriebenen Programme

Ingenieur

Fachkenntnisse, Aufmerksamkeitsumfang, Denk- und Urteilsvermögen, Dispositions- und Organisationsgabe, Führungseigenschaften und Menschenkenntnis, Entschlussfähigkeit und Einsatzbereitschaft, wirtschaftliches Denken

Journalist

Sprachlicher Ausdruck in Wort und Schrift, analytisches Denken, Neugier, Fähigkeit, Informationen in die richtigen Worte zu fassen, Fachwissen (Wirtschafts- und Sozialwissenschaften, Kommunikations- und Medienwissenschaften), Fremdsprachen, Führungseigenschaften, Selbstbewusstsein, Belastbarkeit, Einsatzfreude, Menschenkenntnis, Organisationsgabe, Dispositionsvermögen, kaufmännische Fähigkeiten

Kassierer

Ehrlichkeit, Zuverlässigkeit, Vertrauenswürdigkeit, Sorgfalt und Ordnung, Selbstvertrauen und Menschenkenntnis, Einsatzbereitschaft, Denk-, Konzentrations- und Merkfähigkeit, Umgangsformen und äußeres Erscheinungsbild

Kaufmann (allg.)

Verhandlungsgeschick, Kontaktfähigkeit, Umgangsformen, Menschenkenntnis, Konzentrations- und Merkfähigkeit, Sprache, Bildungsgrad und Intelligenz, Fachkenntnisse (je nach Branche und Berufszweig, aber auch übergreifend), wirtschaftliches Denken

Konstrukteur

Schöpferische Begabung, Denk- und Vorstellungsvermögen, Urteilsfähigkeit, Fachkenntnisse und Berufserfahrung, Selbstständigkeit und geistige Wendigkeit, Arbeitseinteilung (konzeptionelle Fähigkeiten), Teamfähigkeit, Ausdauer

Kfz-Mechaniker

Fachkenntnisse (Kfz-Technik, Systemtechnik, EDV, Umweltschutz, Arbeitssicherheit, rationelle Energieverwendung), Geschicklichkeit, diagnostische und Problemlösungsfähigkeiten, technische Fertigkeiten, Selbstständigkeit, Teamfähigkeit, Genauigkeit, Sorgfalt, Geduld, Planen und Organisieren, Belastbarkeit, körperliche Konstitution

Makler

Fachkompetenz und Seriosität, Verhandlungsgeschick, Erfolge, kaufmännische Fähigkeiten, wirtschaftliches und juristisches Wissen, Kontaktfähigkeit, erfolgsorientierte Arbeitsweise, sprachliche Ausdrucksfähigkeit, Geduld, Einfühlungsvermögen, Zuverlässigkeit, dezentes Auftreten, Gewissenhaftigkeit und Eigeninitiative, Merkfähigkeit, Selbstvertrauen, Menschenkenntnis

Meister

Fachbeherrschung und Urteilsvermögen, Umgangsformen und Menschenkenntnis, Selbstständigkeit und Organisationsgabe, Willenskraft und Führungseigenschaften, pädagogische Fähigkeiten

Personalchef

Menschenkenntnis (Einschätzung und Beurteilung), Umgangsformen, Fremdsprachen, Aufmerksamkeitsumfang, Konzentrationsfähigkeit und geistige Wendigkeit, Beurteilungsvermögen und Verhandlungsgeschick, Dispositions- und Organisationsvermögen, (gefestigte) Persönlichkeit, Zuverlässigkeit und Verantwortungsbewusstsein, wirtschaftliches Denken

Psychologe

Studium, Fachwissen und -beherrschung, diagnostische, therapeutische und Beratungsfähigkeiten, Einfühlungsvermögen, Geduld, zuhören können und Gesprächslenkungsfähigkeiten, strategisches und problemorientiertes Denken, Ausdrucksfähigkeit in Wort und Schrift, Umgangsformen, Menschenkenntnis, äußere Erscheinung, Selbstständigkeit, Teamfähigkeit, Vertrauenswürdigkeit

Rechtsanwaltsangestellter

Juristisches Fachwissen, Problembewusstsein und analytische Fähigkeiten, Problemlösungsfähigkeiten, kaufmännische Fähigkeiten (Buchhaltung, Kosten- und Leistungsrechnung), Menschenkenntnis, Vorstellungsvermögen, Verhandlungsgeschick, Ausdauer, Lernbereitschaft, Umgangsformen, selbstständiges Arbeiten, Kontaktfähigkeit, Einfühlungsvermögen, Geduld, Sorgfalt, Gewissenhaftigkeit

Sekretärin/Abteilungssekretärin

Auffassungsgabe, sprachlicher Ausdruck, Ausdauer und Merkfähigkeit, Umgangsformen, Hilfs- und Einsatzbereitschaft, Zuverlässigkeit und Vertrauenswürdigkeit, Interesse, Arbeitsmenge, Maschinenschreiben, Rechtschreibung, EDV-Kenntnisse, Fremdsprachenkenntnisse, Teamfähigkeit

Steuerfachangestellter

Fachwissen, Sicherheit im Umgang mit Zahlen und Paragrafen, buchhalterische Fähigkeiten, EDV-Kenntnisse, (Wirtschafts- und Sozialkunde, Arbeits- und Steuerrecht), Kontaktfähigkeit, Menschenkenntnis und Umgangsformen, Einfühlungsvermögen und Gewandtheit in Wort und Schrift, Verschwiegenheit, Denken in Zusammenhängen, Ordnungsliebe, Genauigkeit, Überzeugungsfähigkeit

Software-Entwickler

Fachwissen (Informatiker), analytische, konzeptionelle und Entwicklungsfähigkeiten, Genauigkeit, Geduld, Beharrlichkeit, Belastbarkeit und Einsatzfreude, didaktische Fähigkeiten, Beobachtungsgabe, Führungseigenschaften, Menschenkenntnis, selbstständiges Arbeiten, Teamfähigkeit, Organisationstalent, Erfolge

Verkäufer

Verkaufserfolg, Menschenkenntnis und Umgangsformen, Wendigkeit, Sicherheit und Selbstvertrauen, Kontaktfähigkeit und Auffassungsgabe, Fachkenntnisse (Waren- und Marktverhältnisse), wirtschaftliches Denken, Initiative, Intelligenz und Ausdauer, Aufmerksamkeitsumfang und Einsatzbereitschaft, sprachlicher Ausdruck, Zuverlässigkeit, Anpassungsfähigkeit und äußeres Erscheinungsbild

Vorarbeiter

Fachbeherrschung, Organisationsgabe und Dispositionsvermögen; Menschenkenntnis und Umgangsformen, Aufmerksamkeit und Aufmerksamkeitsumfang, Verhalten gegenüber Gleichgestellten und Untergebenen, Ausdauer und Einsatzbereitschaft, Kontaktfähigkeit, Hilfsbereitschaft und Beurteilungsvermögen, Durchsetzungsfähigkeit

Werbetexter

Vorstellungskraft, kreative Fähigkeiten, sprachlicher Ausdruck, Sprachgespür (Alltägliches außergewöhnlich darstellen, komplexe Sachverhalte verdichten), Allgemeinbildung, Marken-, Markt- und Branchenkenntnisse, Produktorientiertheit, Gespür für Trends und Themen, geradliniges Denken, konzeptuelle Fähigkeiten, selbstständiges Arbeiten, Teamfähigkeit, Belastbarkeit und Einsatzfreude, Arbeiten unter Zeitdruck, Menschenkenntnis, Umgangsformen, Selbstbewusstsein, Berufspraxis

Werkmeister

Fachbeherrschung, Verantwortungsbewusstsein und -bereitschaft, Menschenkenntnis und Umgangsformen, Organisationsgabe und Urteilsvermögen, Wille, Führungseigenschaften und Selbstständigkeit, pädagogische Fähigkeiten

Zeichner (technischer)

Sorgfalt und Ordnung, Geschicklichkeit und Sicherheit, Vorstellungsvermögen, Arbeitsgüte und Interesse, Selbstständigkeit und Teamfähigkeit, EDV-Kenntnisse, Kreativität, Kostenbewusstsein

Auf den Punkt gebracht:

- Es gibt berufs- und positionstypische Arbeitsinhalte und persönliche Eigenschaften, die im Zeugnis erwähnt werden sollten.
- Fehlen diese Arbeitsinhalte bzw. persönlichen Eigenschaften im Zeugnis, kann das auf schwerwiegende Mängel des Beurteilten hinweisen.
- Es kann aber auch sein, dass der Zeugnisschreiber kein Experte ist und diese wichtigen Aussagen im Arbeitszeugnis nicht berücksichtigt.
- Sprechen Sie mit Ihrem (ehemaligen) Chef über diese Punkte.
- Selbst wenn Sie erfahren, dass das „Weglassen“ in Absicht geschehen ist, ist das eine ungemein wichtige Information für Sie. Zum einen wissen Sie jetzt zweifelsfrei, wie Sie im letzten Unternehmen beurteilt wurden, und können das im nächsten Unternehmen besser machen, zum anderen können Sie sich jetzt auf entsprechende Fragen im nächsten Bewerbungsgespräch vorbereiten.

5 Das System der Bewertung

Bei der Bewertung in Zeugnissen finden wir einige Regeln, die die Personaler einhalten, sofern sie den Zeugniscode beherrschen.

- Es ist zunächst die Nennung einer positiven Eigenschaft. Diese Eigenschaft bringt ohne Ergänzung, Bewertung oder der Darstellung eines Nutzens für das Unternehmen nur eine niedrige Note (4) ein. Die höheren Noten entstehen durch zusätzliche Steigerungen wie „stets", „außergewöhnlich". Für die Note 3 reicht eine Steigerung, für die Note 2 sind dann schon zwei Steigerungen erforderlich.
  Beispiel:
  Note 4: *„Er hat das in ihn gesetzte Vertrauen zu unserer Zufriedenheit erfüllt."*
  Note 3: *„Er hat das in ihn gesetzte Vertrauen zu unserer vollen Zufriedenheit erfüllt."*
  Note 2: *„Er hat das in ihn gesetzte Vertrauen stets zu unserer vollen Zufriedenheit erfüllt."*
  Note 1: *„Er hat das in ihn gesetzte Vertrauen stets zu unserer vollsten Zufriedenheit erfüllt."*
- Für die Note eins gibt es besondere Formulierungen, die in sich keine Steigerung mehr zulassen: „Er beherrscht Englisch wie ein Muttersprachler" oder „Seine Englischkenntnisse sind verhandlungssicher", aber auch: „Sein persönliches Verhalten ist stets vorbildlich."
- Bewertung ähnlich unserem Schulnotensystem
  Beispiel:„Seine Fachkenntnisse sind gut." (Note 3) Die Kenntnisse sind benotet. Es könnte auch heißen: „Seine Kenntnisse in Englisch sind sehr gut." (Note 2) Von der genannten Note (gut oder sehr gut) wird eine Stufe für die tatsächlich gemeinte Bewertung abgezogen. Um die Abwertung zu vermeiden, muss die Note einmal bestätigt werden (stets sehr gut, immer gut).

- Elemente, die den Nutzen oder den Erfolg für das Unternehmen beschreiben
  Beispiel: „Er reichte stets außergewöhnliche Verbesserungsvorschläge ein“ klingt eher ironisch und man ist versucht zu ergänzen: „ … die alle im Papierkorb landeten.“ Wenn es im Nachsatz aber heißt: „Er erhielt dafür im Jahr 2009 die höchste Prämie unseres Verbesserungsvorschlagswesens seit Einführung“, sieht es schon ganz anders aus.
  Wie wird eine solche Darstellung konstruiert? Die positive Eigenschaft: „Herr … hat für das Unternehmen wichtige Aufträge abgeschlossen.“ Was aber sind schon wichtige Aufträge? Ist nicht jeder Auftrag wichtig? Mit dieser Aussage kann er immer noch unterhalb der gewünschten Leistungsgrenze gelegen haben. Keine Zweifel mehr offen lässt dagegen der Nachsatz: „Herr … hat für das Unternehmen wichtige Aufträge abgeschlossen, die unseren Umsatz in den letzten drei Jahren weit über Plan steigerten / die unseren Marktanteil in Deutschland von 12 % auf 22 % steigerten.“

  Die Darstellung einer positiven Eigenschaft braucht als Verstärkung ein „stets, außergewöhnlich usw.“ eine Benotung oder eine Bemerkung oder einen Nachsatz mit dem Nutzen dieser Eigenschaft für das Unternehmen. Nur dadurch wird die Eigenschaft aufgewertet und erzielt eine höhere Note.

- Ein weiteres System ist das „Weglassen von wichtigen Eigenschaften“. Da der Zeugnisschreiber nichts Negatives im Zeugnis sagen darf, werden wichtige Eigenschaften schlicht nicht erwähnt. Aus dem Fehlen schließt der Personaler auf die negative Benotung (siehe Kapitel 4).
- Außerdem gibt es einige bekannte Aussagen und Geheimzeichen, die man kennen sollte. Diese sind so vollständig wie möglich im Kapitel 7 aufgeführt.
- Es gibt genau einzuhaltende Formulierungen im Schlusssatz – Bedauern, Dank und Zukunftswünsche (siehe Kapitel 8). Werden diese nicht exakt eingehalten, wird als

Gesamtbewertung das Zeugnis am Ende doch noch stark abgewertet.

- Das Datum des Unternehmensaustrittes und das Datum der Zeugnisausstellung sollten möglichst identisch sein zumindest nicht weit auseinanderliegen. Ist das Zeugnis deutlich später ausgestellt als der Austrittstermin, kann dies auf Probleme oder gar einen Arbeitsprozess schließen lassen (siehe Kapitel 2).
- Die Länge des Zeugnisses gibt auf den ersten Blick schon eine „Vornote“. Bis zwei Jahre Beschäftigungszeit kommen die Unternehmen mit einer Seite aus. Bei längeren Beschäftigungszeiten dürfen es ruhig anderthalb bis zwei Seiten sein. Um die Länge zu erreichen, darf ruhig „gemogelt“ werden. Üblich ist es, einfach einen größeren Schriftgrad zu nehmen und den Zeilenabstand zu erhöhen. Sehr gute Zeugnisse bei langen Beschäftigungszeiten und für leitende Angestellte können auch 3 oder 4 Seiten umfassen.

Für außertarifliche und leitende Angestellte sollte in den einzelnen Bewertungskategorien auch die Erfüllung der besonderen Stellenanforderung bewertet werden. So ist es für einen Verkaufsleiter wichtig, dass im Zeugnis bestätigt wird, dass er nach eigenen Plänen oder in hohem Maße selbstständig gearbeitet hat und diese Tätigkeit für das Unternehmen erfolgreich war. Wird das nicht erwähnt, ist er nur mit dem Titel Verkaufsleiter, aber nicht in dieser Funktion erfolgreich im Unternehmen tätig gewesen. Viele Unternehmen schreiben ihren Angestellten sehr wohlklingende Stellenbezeichnungen auf ihre Visitenkarten, um diese Mitarbeiter bei der Kundschaft als besonders bedeutend herauszustellen. Im Arbeitszeugnis ist aber die wirkliche Verantwortung genau zu definieren. Nur dadurch kann sich das nächste Unternehmen ein Bild von der tatsächlich ausgeübten Verantwortung des Bewerbers machen. Die dazu geschriebene Benotung vervollständigt die Beurteilung.
Die Textbeispiele für außertarifliche und leitende Angestellte sind in den nachfolgenden Kategorien gesondert aufgeführt.

Auf den Punkt gebracht:

- Die in Zeugnissen aufgeführten positiven Eigenschaften ergeben zunächst nur eine ausreichende Note. Verbesserungsmöglichkeiten sind:
  - Die Steigerung mit „stets“, „außergewöhnlich“ usw.
  - Die anschließende Benotung ähnlich der Schulnoten.
  - Die Erklärung des Nutzens für das Unternehmen.
- Negative Aussagen werden durch „Weglassen“ wichtiger Eigenschaften dargestellt.
- Geheimzeichen und Sätze aus der „Giftliste“ verändern die scheinbar positive Darstellung/Benotung ins Gegenteil.
- Die Schlussformel mit den Formulierungen über Dank, Bedauern und die Zukunftswünsche müssen exakt eingehalten werden. Sonst wird in dieser „Gesamtnote“ das Zeugnis am Ende abgewertet.
- Ausstellungsdatum des Zeugnisses und Austrittsdatum sollten möglichst identisch sein. Ist das Zeugnis deutlich später ausgestellt als der Unternehmensaustritt, kann auf einen Rechtsstreit geschlossen werden.
- Die Länge des Zeugnisses gibt den ersten Eindruck von der Gesamtnote. Dabei darf mit größerem Schriftgrad und Zeilenabstand „künstliche“ Länge erzeugt werden.
- Bei außertariflichen und leitenden Angestellten muss eine Beschreibung und eine Bewertung der außergewöhnlichen Anforderungen an die Position im Zeugnis enthalten sein.

6 Der Inhalt des qualifizierten Arbeitszeugnisses

6.1 Der Einleitungssatz im Arbeitszeugnis

Nach der Zeugnisüberschrift (Ausbildungszeugnis, Zwischenzeugnis ...) erfolgt der Einleitungssatz; beispielsweise so:
Herr Manfred Müller, geboren am 01.01.1960 in Musterstadt, war vom 1.1.1991 bis zum 31.1.1993 in unserem Unternehmen als Verkäufer tätig.

Persönliche Angaben

Die Namensnennung mit Geburtsdatum und neuerdings zusätzlich mit Geburtsort ist erforderlich, um den Beurteilten eindeutig identifizieren zu können. Dass dies sinnvoll ist, zeigt sich insbesondere bei Namenswechseln anlässlich der Eheschließung.

Beschäftigungszeitraum im Unternehmen

Anschließend wird das Eintrittsdatum genannt, evtl. zusammen mit dem Austrittsdatum. Auf das Austrittsdatum kann aber auch im Schlusssatz verwiesen werden: „ ... scheidet mit dem heutigen Tag aus dem Unternehmen aus." Wichtig ist nur, dass beide Daten genannt werden.
Auch Unterbrechungszeiten, z.B. Wehrdienst, Elternzeit usw., sind hier mit aufzuführen. Ein neuer Arbeitgeber hat ein berechtigtes Interesse zu erfahren, ob der Arbeitnehmer die ganze Zeit tatsächlich gearbeitet und entsprechend praktische Erfahrungen gesammelt hat. Deshalb sind mehrmonatige Befreiungen von der Arbeitspflicht zu vermerken. Die Gründe dafür dürfen aber ohne Genehmigung des Arbeitnehmers nicht genannt werden. Außerdem ist zu erwähnen, wenn es sich um Teilzeitarbeit oder 400 € Job handelt.

Aufbau des qualifizierten Arbeitszeugnisses

Die Überschrift
Zeugnis, Arbeitszeugnis, Zwischenzeugnis, Ausbildungszeugnis, Praktikantenzeugnis ...

Einleitung
Persönliche Daten des Arbeitnehmers mit Datum des Beschäftigungsbeginns und Austrittsdatum, falls sich das Datum nicht aus dem Schluss ergibt.

Kurzporträt des Unternehmens
Eine etwa drei Zeilen lange Kurzbeschreibung des Unternehmens, damit der Zeugnisleser die Position des Bewerbers einordnen kann.

Tätigkeitsbeschreibung
Alle wichtigen Aufgaben des Arbeitnehmers und evtl. Beförderungen oder Wechsel des Aufgabengebietes.

Leistungsbeurteilung
Im Einzelnen und eine Gesamtbeurteilung.

Führungsleistung
Nur bei Führungskräften.

Sozialverhalten
Das soziale Verhalten gegenüber Vorgesetzten, Gleichgestellten und Untergebenen. Wenn arbeitsbedingte Außenkontakte dazugehören, auch die Beurteilung gegenüber Kunden, Lieferanten, Forschungsinstituten, Werbeagenturen, öffentlichen Ämtern usw.

Schlussformulierung
Grund für die Beendigung des Arbeitsverhältnisses, wer hat gekündigt, Dankes- und Bedauernsformel, Zukunftswünsche.

Ort, Datum, Unterschrift
Name des Zeugnisausstellers muss maschinenschriftlich wiederholt werden, rechtsgültige Unterschrift mit *„i.V."* oder *„ppa."* oder *„Geschäftsführer"* oder Hinweis auf die Personalabteilung.

Arbeitszeugnis (Überschrift)

Frau Doris Müller, geboren am 01.06.1962 in Bonn, war vom 01.01.2000 bis zum 30.04.2010 als Vertriebssachbearbeiterin in unserem Unternehmen tätig. (Einleitung)

Unser Unternehmen entwickelt, produziert und vertreibt Sondermaschinen zum Abfüllen von leicht entzündbaren Flüssigkeiten bis zu 1000 Litern pro Gebinde. Durch Modifikationen können unsere Anlagen in jede Fertigungslinie integriert werden. (Kurzes Firmenportrait)

Aufgabe von Frau Müller war die Unterstützung unseres Außendienstes. Dazu erstellte sie selbstständig Angebote im abgesprochenen Rahmen. Sie führte Mailingaktionen durch und fasste auch telefonisch bei unseren Kunden nach. Sie war zuständig für den gesamten Auftragsdurchlauf. (Tätigkeitsbeschreibung)

Frau Müller hat ein sehr gutes technisches Verständnis und hatte oft gute Ideen, die zu Verkaufserfolgen führten. (Leistungsbeurteilung)

Sie zeigte stets große Einsatzbereitschaft und Initiative. Sie arbeitet zielstrebig, effektiv und erfolgreich. Das Aufgabengebiet hat sie stets vollständig zu unserer Zufriedenheit bewältigt. (Zusammenfassung)

Frau Müller ist aufgrund ihrer Sorgfalt und Zuverlässigkeit bei ihren Vorgesetzten und Kollegen sehr geschätzt. Bei den Kunden war sie aufgrund ihrer netten Art und ihres Fachwissens sehr angesehen. Ihr persönliches Verhalten war stets einwandfrei. (Sozialverhalten)

Frau Müller verlässt unser Unternehmen auf eigenen Wunsch. Wir bedauern diese Entscheidung sehr, danken ihr für ihre Mitarbeit und wünschen ihr weiterhin viel Erfolg und persönlich alles Gute. (Schlussformulierung)

Mannheim, den 30.04.2010 (Ort und Datum)

Wolfgang Ludwig (Unterschrift)

ppa. Wolfgang Ludwig

Vertriebsleiter

(Maschinenschriftliche Wiederholung mit Zeichnungsberechtigung, Stellung)

Unterbrechungen, die Jahre zurückliegen, bleiben unerwähnt, wenn sie heute keine Bedeutung mehr haben.
Längere Unterbrechungszeiträume durch Krankheit ins Zeugnis zu schreiben ist zulässig. Ob dadurch der Schreiber des Zeugnisses etwas aussagen wollte, kann man erst im Zusammenhang mit der Leistungsbeurteilung sehen. Auf jeden Fall werden Sie im Vorstellungsgespräch zu längeren Unterbrechungszeiträumen befragt, damit der Interviewer sich Klarheit verschaffen kann.

Tipp

Auf Wunsch des Arbeitnehmers können die Gründe für die Unterbrechung im Arbeitszeugnis erwähnt werden.

Position im Unternehmen/Art des Unternehmens

Anschließend erfolgt die Bezeichnung der Tätigkeit oder Stelle. Die Stellenbezeichnung sollte auch für Außenstehende verständlich sein. Ein Beispiel ist „Korridormanager". Hätten Sie es gewusst? Früher hätte im Zeugnis „Etagenkellner im Hotel XY" gestanden. Bei nicht so eindeutigen Bezeichnungen sollten diese näher spezifiziert werden. Dadurch wird ein eindeutigeres Berufsbild vermittelt. Es gibt natürlich Stellenbezeichnungen, die nicht erklärungsbedürftig sind. Beispiele sind „Bäcker", „Pilot", „Rechtsanwalt" usw. Die Bezeichnung „Key Account" wird unterschiedlich interpretiert und kann von der Vertriebssachbearbeitung einiger Großkunden über Außendienst bis zur Gesamtverantwortung für eine Produktgruppe alles bedeuten.
Wurden mehrere Positionen durchlaufen, ist der Werdegang ebenfalls hier aufzuführen. Falls die Aufgaben eigenverantwortlich durchgeführt wurden, muss dies dargestellt werden. Handlungsvollmacht oder Prokura sind mit anzugeben.
Im Zusammenhang mit der Position ist es anschließend zweckmäßig, auf die Art des Unternehmens einzugehen. Die Darstellung des Unternehmens umfasst in der Regel nur

wenige Zeilen und hilft so, die Bedeutung der Position des Beurteilten im Unternehmen einzuschätzen.
Ausnahmen hiervon sind Großunternehmen, die allgemein bekannt sind. Beispiele sind Daimler oder Siemens. Bei diesen Unternehmen erübrigt sich eine Darstellung. Stattdessen finden wir Zusatzbezeichnungen wie „Hauptverwaltung“ oder „Werk Rastatt“. Eine weitere Ausnahme sind Unternehmen, die sich durch die Firmennamen oder ihre Firmendarstellung im Briefkopf ausreichend darstellen. Beispiele sind „Bäckerei Müller“, „Autohaus Meier“, „Müller & Sohn – Herrenausstatter“.

Beispiele für Einleitungssätze

Standard Einleitung	Herr ... (ggf. Titel) (Vorname Name), geboren am (Geburtsdatum) in (Geburtsort), war vom ... bis zum ... bei uns/in unserem Hause/in unserer Firma/in unserer Abteilung als (Bezeichnung) tätig.
Standardformulierung beim Zwischenzeugnis	Herr ... ist seit dem (Eintrittstermin) bei uns als (Berufsbezeichnung) in der Abteilung (Bezeichnung) tätig.
Befristete Stelle	... war vom ... bis zum ... im Rahmen eines befristeten Arbeitsverhältnisses ...
Ausbildung	Herr ... (ggf. Titel) (Vorname Name), geboren am (Geburtsdatum) in (Geburtsort), hat vom ... bis zum ... in unserem Unternehmen den Beruf des (Berufsbezeichnung) mit sehr gutem/gutem Erfolg erlernt. oder Herr ... absolvierte vom ... bis zum ... bei uns/in unserem Hause in Verbindung mit einem Studium an der Berufsakademie (Ort) eine Ausbildung zum Diplom-(Studienrichtung).

Teilzeit	Herr ... war vom ... bis zum ... bei uns als Teilzeitmitarbeiter (Stundenzahl pro Woche) tätig.
Unterbrochene Beschäftigungszeiten	... vom ... bis zum ... war er im Wehrdienst/Zivildienst/Erziehungsurlaub/Sonstiges.
Mehrere Tätigkeiten	Herr ... war in unserer Firma/Abteilung tätig, und zwar zunächst als ... und ab dem ... als ... (In der anschließenden Aufgabenbeschreibung sind die durchlaufenen Funktionen und damit verbundenen Aufgaben detailliert zu nennen.)
Eigenverantwortliche Tätigkeit	Herr ... war bei uns vom ... bis zum ... in verschiedenen Funktionen, zuletzt als ... (Bezeichnung), eigenverantwortlich tätig.
Zusatz bei leitenden Angestellten	In dieser Position als leitender Angestellter war er (Positionen) mit Gesamtprokura/Prokura/Handlungsvollmacht ausgestattet.
Doppelfunktion	... leitete vom ... bis zum ... in Doppelfunktion die Bereiche (Bezeichnung) und (Bezeichnung). Beide Funktionen erfüllte er in Personalunion auch für unsere Tochterfirma, die (Firma). Er berichtete direkt der Geschäftsleitung und war mit Prokura ausgestattet.
Geschäftsführer	... leitete das/unser Unternehmen als GmbH-Geschäftsführer vom ... bis zum ... eigenverantwortlich und in voller Gestaltungs- und Entscheidungsfreiheit. Die korrekten Worte in der Einleitung sind: tätig, leitete, führte

Vorsicht

Sätze wie

... war in unserem Hause vom ... bis ... beschäftigt.

oder

... gehörte unserem Unternehmen vom ... bis ... an.

oder

Das Beschäftigungsverhältnis dauerte vom ... bis zum ...

oder die passiven Formulierungen

... wurde vom ... bis ... in der Abteilung ... beschäftigt/eingesetzt.

können negativ gemeint sein. Sie können auf nicht weiter genannte Fehlzeiten hinweisen oder auf unzureichende Leistungen. Letzteres aber nur im Zusammenhang mit der später im Zeugnis aufgeführten Leistungsbeurteilung.

6.2 Beschreibung der Tätigkeit

Die Aufgabenbeschreibung gibt Auskunft über Tätigkeiten und Verantwortung. Üblicherweise werden die Aufgaben als Aufzählung untereinander geschrieben. Aber auch eine Darstellung in einem Absatz ist möglich. Bei einer Beschäftigungszeit von einem halben bis einem Jahr kann man natürlich weniger aufzählen als bei wesentlich längeren Beschäftigungszeiten. Um den Wert eines Mitarbeiters darzustellen, wird die Tätigkeit sehr detailliert dargestellt. Bei kürzeren Beschäftigungszeiten behilft man sich durch größere Zeilenabstände und/oder größere Schrift, um „Länge“ darzustellen.

Auf den ersten Blick gibt die Länge der Tätigkeitsbeschreibung schon Auskunft über die Wertschätzung, die ein Mitarbeiter erhalten hat. Je detaillierter, desto besser beurteilt.

Bei erstklassigen Zeugnissen und einer Beschäftigungszeit von mehr als drei Jahren können wir am Ende dieser Beschreibung schon im oberen Drittel der zweiten Zeugnisseite sein. Kurze, oberflächliche Beschreibungen wie „Sie erledigte alle im Büro anfallenden Arbeiten“ sind eher negativ zu bewerten.

Schlüsselworte sind: erfolgreich, umsatzverantwortlich, eigenverantwortlich	Nach erfolgreicher Einarbeitung übernahm Herr ... das Verkaufsgebiet ... zur umsatzverantwortlichen Bearbeitung. ... erfolgreich die Leitung der Abteilung (Name). ... eigenverantwortlich den Bereich (Bezeichnung).
	Detaillierte Beschreibung
Beschreibung des Gebietes in der Übersicht mit einer detaillierten Liste	Zu seinen Aufgaben gehörte: (detaillierte Beschreibung/tabellarische Übersicht). Sein Aufgabengebiet umfasste alle Verwaltungsarbeiten vom (Bezeichnung) über (Bezeichnung) bis hin zur (Bezeichnung). Außerdem übernahm Herr ... im Vertretungsfalle folgende Aufgaben: (Beschreibung)

Die Hauptaufgaben herausheben	Zu seinen Hauptaufgaben gehörte die selbstständige Erledigung von (detaillierte Beschreibung). Daneben/Außerdem erledigte er (detaillierte Beschreibung). Dies waren im Einzelnen: (detaillierte Beschreibung). oder Dazu zählten: (detaillierte Beschreibung, nach Bedeutung gegliedert).
Projekte mit aufführen	Außerdem wirkte er bei dem/den Projekt(en) (Bezeichnung(en)) mit. In dieser Funktion oblag ihm (detaillierte Beschreibung).
Sonderaufgaben mit aufführen	Als weitere Sonderaufgaben leitete er die Gruppe … mit den Aufgaben …
	Bei Beförderung
Begründung ist wichtig	Aufgrund seiner sehr guten/besonderen Leistungen … Wegen seiner herausragenden Arbeitsergebnisse …
Bezeichnung der neuen Position mit Datum	… wurde er ab dem … mit der Leitung unserer Abteilung … betraut. Hier war er verantwortlich für (detaillierte Beschreibung). konnten wir ihn ab dem … in der Position des/eines (Bezeichnung) einsetzen. Hier war er mit der selbstständigen Bearbeitung folgender Aufgaben betraut: (detaillierte Beschreibung).
	Neue Vollmachten
Wichtig ist die neue Einordnung in die Hierarchie	Ab dem … wurde Herrn … Gesamtprokura erteilt. In dieser Eigenschaft unterstand er nun direkt dem … und war verantwortlich für (detaillierte Beschreibung).

	Ausbildung
Hier ist auf die wirklich vollständige Aufzählung Wert zu legen.	Herr ... wurde nach festem Ausbildungsplan gemäß der Ausbildungsordnung in den wichtigsten Abteilungen mit allen Arbeiten vertraut gemacht. Er lernte die Abteilungen (Aufzählung) kennen. Dabei erwarb er sich alle im Berufsbild (Berufsbezeichnung) festgelegten Fertigkeiten und Kenntnisse, so unter anderem (Aufzählung, sinnvollerweise in der gleichen Reihenfolge wie die genannten Abteilungen).
Besonderheiten sollten erwähnt werden.	Er hat den Unterricht in der Fachklasse der Berufsschule besucht. Hier übte er zwei Jahre vorbildlich das Amt des Jugendvertreters aus, für das er sich auf Wunsch des Ausbilders zur Verfügung gestellt hat.

6.3 Fachwissen/Arbeitsleistung/ Leistungsbereitschaft

Ab diesem Punkt beginnt die Bewertung im Arbeitszeugnis. Der Arbeitsleistung und der Leistungsbereitschaft kommen neben dem Sozialverhalten zentrale Bedeutungen zu. Für diese Bereiche gibt es eine große Anzahl von vorformulierten Zeugnissätzen.

Die wesentlichen finden Sie im Folgenden. Die Beispiele für außertarifliche und leitende Angestellte sind gesondert aufgeführt.

Tipp

Wenn Sie sich diese Sätze ansehen, versuchen Sie das dahinterstehende Bewertungssystem zu erkennen, damit Sie das System dann für Ihr eigenes Zeugnis anwenden können.

Bewertung sehr gut

- Herr … verfügt über umfassende Fachkenntnisse, auch in Randbereichen.
- Aufgrund seiner außergewöhnlichen Leistungen waren wir mit ihm stets außerordentlich zufrieden.
- Er übertraf die Anforderung der Stelle und unsere Erwartungen in sehr hohem Maße, sodass wir mit seinen Leistungen stets außerordentlich zufrieden waren.
- Er hat permanent Spitzenleistungen erbracht. Wir waren daher mit seinen Leistungen in sehr hohem Maße zufrieden.
- Er war in jeder Hinsicht ein idealer Mitarbeiter. Mit seinen Leistungen waren wir stets außerordentlich zufrieden.
- Er hat das in ihn gesetzte Vertrauen stets zu unserer vollsten Zufriedenheit erfüllt.
- Die Leistungen von Herrn … verdienen in jeder Hinsicht stets unsere vollste Anerkennung.
- Er hat seine Position stets zu unserer vollsten Zufriedenheit ausgeübt und unseren Erwartungen in jeder Hinsicht in bester Weise entsprochen.
- Er zeigte stets Eigeninitiative und beeindruckte durch seine große Einsatzbereitschaft.
- Er zeichnete sich stets durch eine vorbildliche Arbeitsauffassung aus.
- Er zeigte stets Initiative, großen Fleiß und überdurchschnittlichen Eifer.

Außertarifliche und leitende Angestellte

- Er ist eine (sehr) dynamische Fach- und Führungspersönlichkeit mit Unternehmungsgeist, die ihre Position stets mit großem Engagement ziel- und ergebnisgerecht geleitet und durch vielfältige Initiativen (hervorragend/bedeutsam/sehr erfolgreich) weiterentwickelt hat.
- Er zeigte stets eine herausragende Einsatzbereitschaft. Seine optimistische und zuversichtliche Haltung auch in schwierigen Fällen wirkte im Kollegen- und Mitarbeiterkreis stets äußerst positiv.

- Er hatte stets eine ausgezeichnete Arbeitsmoral. Er verfolgte sehr aktiv, beharrlich und sehr erfolgreich die Abteilungs- und Unternehmensziele.
- Er hatte stets eine ausgezeichnete Arbeitsmotivation. Er war ein im positiven Sinne ehrgeiziger Mitarbeiter.
- Er identifizierte sich stets in vorbildlicher Weise mit der übernommenen Verantwortung und realisierte intensiv und sehr beharrlich die in Eigeninitiative gesetzten wie auch die vereinbarten Ziele.
- Er identifizierte sich absolut mit seiner Aufgabe und dem Unternehmen und stellte persönliche Belange jederzeit zurück. Seine Arbeitszeit ging deutlich über das übliche Maß hinaus.
- Er ist eine Vertrauensperson von hohem fachlichen Können und ausgeprägtem beruflichen Engagement.
- Er entwickelte sehr viel Eigeninitiative. Er engagierte sich in innovativen Projekten stets mit großer Einsatzfreude, starker Energie und Ausdauer.
- Alle Aufgaben führte er stets mit großem Elan und vorbildlichem Pflichtbewusstsein stets zu unserer vollsten Zufriedenheit aus.

Bewertung gut

- Herr … verfügt über umfassende Fachkenntnisse.
- Herr … arbeitete mit viel Engagement und Eigeninitiative.
- Hervorzuheben sind sein besonderes Engagement und seine Eigeninitiative.
- Herr … arbeitete stets engagiert und mit viel Eigeninitiative.
- Herr … ergriff von sich aus die Initiative und setzte sich mit überdurchschnittlicher Einsatzbereitschaft für unser Unternehmen ein.
- Er identifizierte sich mit seinen Aufgaben und zeigte überdurchschnittliche Arbeitsbereitschaft.
- Er arbeitete sich bereits innerhalb kurzer Zeit erfolgreich in sein neues Aufgabengebiet ein.

- Er hat alle Aufgaben und Herausforderungen seiner schwierigen Situation stets zu unserer vollen Zufriedenheit bewältigt.
- Er hat seine Position stets zu unserer vollsten Zufriedenheit ausgeübt und unserer Erwartung in jeder Hinsicht gut entsprochen.
- Er übertraf die Anforderungen der Stelle und unsere Erwartung in hohem Maße, sodass wir mit seinen Aufgaben stets voll zufrieden waren.

Außertarifliche und leitende Angestellte

- Er ist eine dynamische Fach- und Führungskraft, die ihren Bereich (Bezeichnung) stets mit großem Engagement zielgerecht geleitet und durch viele Initiativen weiterentwickelt hat.
- Er zeigte stets eine gute Einsatzbereitschaft. Seine optimistische Haltung auch in schwierigen Fällen wirkte anregend.
- Er hatte stets eine gute Arbeitsmoral und verfolgte beharrlich die gesetzten Abteilungs- und Unternehmensziele, die er stets übertroffen hat.
- Er hatte stets eine gute Arbeitsmotivation. Er war ein im positiven Sinne ehrgeiziger Mitarbeiter.
- Er identifizierte sich stets in guter Weise mit der übernommenen Verantwortung und realisierte beharrlich die in Eigeninitiative gesetzten sowie die vereinbarten Ziele.
- Alle Aufgaben führte er mit großem Elan und mit Pflichtbewusstsein aus.
- Sein Erfolg liegt begründet in seinem großen persönlichen Engagement.

Bewertung befriedigend

- Herr … verfügt über solide Fachkenntnisse.
- Durch seine sehr aktive Einstellung in Verbindung mit seinen guten Kenntnissen führte Herr … seine Aufgaben stets zu unserer Zufriedenheit durch.
- Er zeigte Initiative, Fleiß und Eifer.

- Er hatte eine gute Arbeitsauffassung.
- Er zeigte Einsatzbereitschaft und Eigeninitiative.
- Er hat gute Leistungen erbracht. Wir waren daher mit seinen Leistungen voll zufrieden.
- Er hat die ihm übertragenen Aufgaben zu unserer vollen Zufriedenheit erfüllt.
- Herr … arbeitete mit viel Engagement und Eigeninitiative.
- Herr … zeigte Einsatzbereitschaft und Initiative.
- Herr … arbeitete engagiert und mit Eigeninitiative.
- Erwähnenswert sind sein Engagement und seine Eigeninitiative.

Außertarifliche und leitende Angestellte

- Er leitete seinen Bereich (Bezeichnung) mit Engagement.
- Er zeigte eine gute Einsatzbereitschaft.
- Er hatte eine gute Arbeitsmoral und Arbeitsmotivation.
- Er identifizierte sich gut mit der ihm übertragenen Verantwortung und verfolgte die vereinbarten Ziele.
- Alle Aufgaben führte er mit Elan und Pflichtbewusstsein aus.

Bewertung ausreichend

- Herr … verfügt über ein solides Grundwissen in seinem Arbeitsbereich.
- Er nahm die Unternehmensinteressen zu unserer Zufriedenheit wahr.
- Er hat den Anforderungen entsprochen.
- Er führte die ihm übertragenen Aufgaben nach Anweisung aus.
- Er zeigte Fleiß und Eifer.
- Er hat das in ihn gesetzte Vertrauen zu unserer Zufriedenheit erfüllt.
- Er war in der Lage, eigene Anregungen zu geben.
- Herr … erfüllte die geforderte Leistungsbereitschaft und Eigeninitiative.
- Herr … hat der geforderten Einsatzbereitschaft entsprochen.

- Herr ... verfügt über ausreichende Eigeninitiative und Leistungsbereitschaft.
- Herr ... arbeitete grundsätzlich engagiert und mit Eigeninitiative.

Außertarifliche und leitende Angestellte

- Er zeigte auch Engagement und Initiative.
- Er zeigte auch Einsatzbereitschaft.
- Er verfügte über eine ausreichende Arbeitsmoral und Arbeitsmotivation.

Bewertung mangelhaft

- Herr ... verfügt über entwicklungsfähige Kenntnisse in seinem Arbeitsbereich.
- Insgesamt hat er seine Position zu unserer Zufriedenheit ausgeübt.
- Insgesamt hat er die ihm übertragenen Aufgaben zu unserer Zufriedenheit erfüllt.
- Er arbeitete im Allgemeinen motiviert mit.
- Er hat den Anforderungen im Wesentlichen entsprochen.
- Er führte die ihm übertragenen Aufgaben mit Interesse durch.
- Herr ... erfüllte oft die geforderte Leistungsbereitschaft und Eigeninitiative.
- Herr ... hat der geforderten Einsatzbereitschaft im Wesentlichen entsprochen.
- Herr ... hat Absprachen eingehalten und der geforderten Leistungsbereitschaft im Wesentlichen entsprochen.
- Herr ... arbeitete oft engagiert und zeigte grundsätzlich auch Eigeninitiative.
- Er widmete sich seiner Arbeit mit Interesse und erzielte entsprechende Erfolge.

Außertarifliche und leitende Angestellte

- Diese Position erfordert hohe Einsatzbereitschaft.
- Die Arbeitsmoral von Herrn ... entsprach im Großen und Ganzen den Erwartungen.

- Die Arbeitsmotivation von Herrn ... entsprach insgesamt den Erwartungen.
- Seine Tätigkeit erforderte zielstrebiges und energisches Entscheiden und Handeln.
- Alle seine Aktionen hatten zum Ziel, das Ansehen der Firma zu steigern.
- Seine Tätigkeit erforderte Initiative und Engagement.

6.4 Belastbarkeit/Leistungsfähigkeit

Bewertung sehr gut

- Er erledigte seine Aufgaben stets mit äußerster Sorgfalt und größter Genauigkeit.
- Herr ... entwickelte sehr viel Eigeninitiative und war jederzeit bereit und fähig, neue Projekte durch konstruktive Vorschläge zu unterstützen und bei deren Realisation den entscheidenden Beitrag zu leisten.
- Herr ... löste die ihm übertragenen Aufgaben auch unter schwierigsten Arbeitsbedingungen.
- Herr ... ist in der Lage, auch schwierige Situationen sofort zutreffend zu erfassen und schnell richtige Lösungen zu finden.
- Herr ... überzeugte dadurch, dass er auch komplizierte Zusammenhänge schnell zutreffend erfasste und sofort richtige Lösungen fand.
- Herr ... besitzt eine schnelle Auffassungsgabe und zeigte sich auch in schwierigen Situationen souverän und flexibel.
- Herr ... ist hoch motiviert und auch stärksten Belastungen jederzeit gewachsen.
- Herr ... war in seinem Handeln stets sehr entschlossen und entwickelte große Initiative. Auch in schwierigen Situationen war er sehr gut belastbar und handelte ruhig und überlegt.
- Herr ... war ein ausdauernder und belastbarer Mitarbeiter, der auch unter schwierigen Arbeitsbedingungen alle Aufgaben stets sehr gut bewältigte.

- Herr … arbeitete auch in schwierigen Situationen und unter Zeitdruck absolut zuverlässig.
- Herr … identifizierte sich absolut mit der Aufgabe und dem Unternehmen und stellte persönliche Belange bei Notwendigkeit stets zurück.

Außertarifliche und leitende Angestellte

- Herr … entschied und handelte bei konstant hoher Belastung und in Stresssituationen besonnen und richtig. Bei neuen geschäftlichen Entwicklungen agierte er stets sicher, flexibel und sehr gut.
- Herr … beherrscht sein Metier. Er erfüllte die sehr hohen Anforderungen seiner wichtigen Funktion jederzeit vollkommen.
- Herr … war ein äußerst kreativer (Bezeichnung), der innerhalb unserer Produktgruppe (Bezeichnung) viele sehr gute Verbesserungen realisierte. Er wirkte inspirierend auf das Team.
- Herr … verband strategisches und konzeptionelles Denken mit praxisnahen operativen Lösungen, die er zielstrebig umsetzte.
- Herr … verfügt über ein sehr gutes analytisch-konzeptionelles und zugleich pragmatisches Urteils- und Denkvermögen.
- Herr … hat seine Mitarbeiter nach Möglichkeit an der Entscheidungsfindung beteiligt. In Zweifelsfällen entschied er auf der Basis seiner großen Erfahrung und seines sicheren Analyse- und Urteilsvermögens allein.
- Herr … besitzt die Gabe, bei komplexen Fragen intuitiv den Kern des Problems, die entscheidenden Zusammenhänge und die richtigen Lösungswege zu erkennen. Er denkt markt- und zukunftsorientiert und zeichnet sich durch eine optimistische und motivierende Haltung, Ideenreichtum und eine umsichtige Innovationsbereitschaft aus.
- Die Fach- und Leitungskompetenz von Herrn … war stets und in jeder Hinsicht sehr gut.

- Dank seiner Intelligenz und seiner fundierten Ausbildung arbeitete er sich sehr schnell und erfolgreich in dieses vielseitige und schwierige Aufgabengebiet ein. Er denkt logisch und zieht richtige Schlüsse aus dem vorliegenden Datenmaterial.

Bewertung gut

- Sein Erfolg und seine Leistung sind begründet durch sein großes persönliches Engagement.
- Herr … erkannte auch in komplizierten Fällen das Wesentliche und fand schnell Lösungen.
- Herr … überblickt schwierige Zusammenhänge, erkennt das Wesentliche und ist in der Lage, schnell Lösungen aufzuzeigen.
- Die Arbeitsweise von Herrn … kann mit gut bewertet werden.
- Herr … war auch starken Arbeitsbelastungen jederzeit gewachsen.
- Herr … zeigte stets eine gute Einsatzbereitschaft. Seine optimistische Haltung auch in schwierigen Fällen wirkte beflügelnd.
- Auch starkem Arbeitsanfall war er jederzeit gewachsen.
- Trotz starker Beanspruchung hat er zeitliche Vorgaben immer eingehalten.
- Auch hohe Belastungen hat Herr … gut bewältigt.
- Er war ein sehr aktiver Mitarbeiter. Er identifizierte sich absolut mit seiner Aufgabe und dem Unternehmen. Auftretende Schwierigkeiten überwand er stets mit großem Einsatz.

Außertarifliche und leitende Angestellte

- Herr … entschied und handelte bei hoher Belastung und in Stresssituationen besonnen und richtig. Bei neuen geschäftlichen Entwicklungen agierte er stets sicher, flexibel und gut.
- Herr … erfüllte die hohen Anforderungen seiner wichtigen Funktion jederzeit voll.

- Herr … hat sich in dieses weit gefächerte und komplexe Gebiet in kurzer Zeit gut eingearbeitet, wobei ihm seine schnelle Auffassungsgabe, seine systematische Betrachtungsweise, sein Organisationstalent und seine Energie sehr zustatten kamen.
- Herr … war ein kreativer (Berufsbezeichnung), der innerhalb unserer Produktgruppe (Bezeichnung) viele gute Verbesserungen realisierte.
- Herr … verband konzeptionelles Denken mit praxisnahen, operativen Lösungen, die er zielstrebig umsetzte.
- Herr … verfügt über ein gutes konzeptionelles und strategisches Denkvermögen.
- Die Fach- und Leitungskompetenz von Herrn … war stets in jeder Hinsicht gut.
- Die Anforderungen und Belastungen dieser Position bewältigte Herr … durch seine optimistische Grundhaltung stets gut.
- Ein gutes Analyse- und Urteilsvermögen gehört ebenso zu seinem Qualifikationsprofil wie Kreativität und Flexibilität.
- Er setzte seine guten innovativen Ideen konstruktiv in praktische Verbesserungen um.

Bewertung befriedigend

- Herr … findet sich in neuen Situationen zurecht und ist auch in der Lage, komplizierte Zusammenhänge zu erfassen.
- Er hat mit anerkennenswertem Einsatzwillen zu unserem Erfolg beigetragen.
- Auch hohe Belastungen hat Herr … bewältigt.
- Er hat sich auch bei starker Beanspruchung an zeitliche Vorgaben gehalten.
- Er ist starkem Arbeitsanfall gewachsen.
- Auch bei hoher Arbeitsbelastung erzielte er im Wesentlichen gute Arbeitsergebnisse.
- Herr … zeigte bei neuen Aufgabengebieten rege Eigeninitiative.

- Herr … zeigte sich bei der Einarbeitung in neue Bereiche und Aufgabengebiete aufgeschlossen.
- Herr … zeigte sich bei der Einarbeitung in neue Aufgabenbereiche flexibel.
- Herr … ist gut belastbar.
- Herr … zeigte sich bei der Einarbeitung in neue Aufgabenbereiche flexibel und aufgeschlossen.

Außertarifliche und leitende Angestellte

- Herr … ist belastbar und passte sich neuen geschäftlichen Entwicklungen flexibel an.
- Herr … erfüllte die Anforderungen seiner wichtigen Funktion.
- Herr … war den Anforderungen und Belastungen seiner Position gut gewachsen.
- Herr … hat sich in dieses weit gefächerte Gebiet gut eingearbeitet.
- Die Fach- und Leitungskompetenz von Herrn … war gut.
- Dank seiner fundierten Ausbildung arbeitete er sich schnell in dieses vielseitige Aufgabengebiet ein.

Bewertung ausreichend

- Herr … ist mit Unterstützung seiner Vorgesetzten neuen Situationen gewachsen und in der Lage, komplizierte Zusammenhänge nachzuvollziehen.
- Seine Ausdauer und Belastbarkeit entsprachen den Anforderungen.
- Herr … ist starkem Arbeitsanfall gewachsen. Seine Leistungen entsprachen den Erwartungen.
- Herr … ist dem üblichen Arbeitsanfall gewachsen
- Seine Ausdauer und Belastbarkeit entsprachen den Anforderungen.
- Seine Belastbarkeit war befriedigend.
- Auch bei hoher Arbeitsbelastung erzielte er teilweise gute Arbeitsleistungen.
- Er ist starkem Arbeitsanfall im Wesentlichen gewachsen.

- Er war starker Beanspruchung zumeist gewachsen.
- Auch hohen Belastungen hat Herr … oft entsprochen.
- Er passte sich neuen Situationen an.

Außertarifliche und leitende Angestellte

- Herr … passte sich neuen geschäftlichen Situationen ohne Schwierigkeiten an.
- Herr … kam mit den Anforderungen seiner wichtigen Funktion zurecht.
- Herr … war den Belastungen dieser Position gewachsen.
- Die Fach- und Leitungskompetenz von Herrn … war zufriedenstellend.

Bewertung mangelhaft

- Herr … ist mit Unterstützung seiner Vorgesetzten neuen Situationen im Wesentlichen gewachsen
- Dem üblichen Arbeitsanfall war Herr … im Wesentlichen gewachsen.
- Herr … zeigte sich im Allgemeinen belastbar.
- Seine Belastbarkeit war gleich bleibend ausreichend.
- Seine Belastbarkeit war gleich bleibend und im Allgemeinen ausreichend.
- Herr … war bestrebt, den üblichen Arbeitsaufwand zu bewältigen.
- Auch bei hoher Arbeitsbelastung bemühte er sich, gute Arbeitsergebnisse zu erzielen.
- Herr … war bei starker Beanspruchung bemüht, mit Ausdauer zu arbeiten.
- Auch hohen Belastungen hat Herr … oft entsprochen.
- Er passte sich neuen Situationen meist ohne Schwierigkeiten an.

Außertarifliche und leitende Angestellte

- Die Fach- und Leitungskompetenz von Herrn … war insgesamt zufriedenstellend.
- Herr … war sich den Anforderungen seiner wichtigen Funktion bewusst.

- Neue geschäftliche Situationen erforderten von Herrn … eine reibungslose Anpassung ohne Schwierigkeiten.
- Diese Position brachte für Herrn … hohe Belastungen mit sich.
- Diese Funktion erforderte jederzeit Ausdauer und Flexibilität.
- Zu den unabdingbaren Voraussetzungen für diese Position gehören Eigenschaften wie Belastbarkeit, Flexibilität und analytisches Denkvermögen.

6.5 Arbeitsweise

Bewertung sehr gut

- Herr … zeigte stets Eigeninitiative und überzeugte durch seine große Leistungsbereitschaft.
- Er erledigte seine Aufgaben stets mit äußerster Sorgfalt und größter Genauigkeit.
- Dank seiner sehr guten Auffassungsgabe und seines Fleißes konnte Herr … sich sehr gute praktische Kenntnisse aneignen.
- Herr … zeichnete sich stets durch eine sehr gute Arbeitsweise aus.
- Seine Arbeitsweise erfüllte stets höchste Ansprüche.
- Herr … arbeitete sehr zielstrebig, selbstständig und verantwortungsbewusst.
- Er genoss stets das absolute Vertrauen der Geschäftsleitung und hatte daher Zugang zu allen geschäftspolitischen Daten des Unternehmens.
- Herr … ist ein äußerst engagierter, zuverlässiger und initiativreicher Mitarbeiter.
- Herr … arbeitete äußerst pflichtbewusst, zuverlässig und verschwiegen und erledigte die ihm übertragenen Aufgaben stets zu unserer vollsten Zufriedenheit.
- Herr … beherrschte alle Aufgaben seines Arbeitsbereiches meisterhaft.

- Herr ... zeichnete sich stets durch einen sehr konzentrierten und effizienten Arbeitsstil aus

Außertarifliche und leitende Angestellte

- Herr ... verfügt über eine ausgezeichnete technisch-wirtschaftliche Sachkompetenz und eine sehr reiche Berufs- und Leitungserfahrung. Die Geschäftsleitung konnte sich stets auf seine fundierten fachlichen Ratschläge und sein umsichtiges Urteil verlassen.
- Herr ... hat auf Fachkongressen vielbeachtete und zum Teil publizierte Vorträge zum Thema (Bezeichnung) gehalten.
- Herr ... besitzt ein umfassendes, hervorragendes, jederzeit verfügbares Fachwissen, mit dessen Hilfe er auch überaus schwierige Fragen sehr erfolgreich löste.
- Herr ... verband hervorragende technische Kompetenz mit ausgezeichnetem betriebswirtschaftlichem Sachverstand.
- Herr ... hat im Selbststudium sehr profunde Kenntnisse auf dem (Bezeichnung)-Gebiet erworben und zum Nutzen des Unternehmens eingesetzt.
- Herr ... gab aufgrund seiner sehr guten und stets aktuellen Fachkenntnisse und seiner Energie dem Hause wiederholt wichtige Impulse, die zu wesentlichen Verbesserungen der Arbeitsabläufe führten.
- Herr ... zeichnete sich durch wahre Professionalität aus. Seine weitreichenden und fundierten Kenntnisse hielt er durch kontinuierliche Fortbildung stets auf dem allerneuesten Wissensstand.
- Herr ... ist auf seinem Fachgebiet (Bezeichnung) eine national/international bei unseren Kunden und in unserem Unternehmen anerkannte Autorität.
- Sein exzellentes Fachwissen und seine reiche Berufserfahrung sowie sein Abstraktionsvermögen befähigten ihn auch bei komplexen Fragen und in schwierigen Lagen zu selbstständigen, durchdachten und realistischen Entscheidungen.

- Das Unternehmen profitierte in sehr hohem Maße von seiner langen und reichhaltigen Funktions- und Branchenerfahrung.
- Im Laufe der Jahre hat Herr … mit sehr tiefem, fachübergreifendem Wissen und ungewöhnlicher Einsatzfreude sein Arbeitsgebiet aufgebaut. Er hat sich so einen hervorragenden Ruf als fachliche Autorität in der Branche (im In- und Ausland) erworben.
- Auf dem Gebiet (Bezeichnung) fand in den letzten Jahren eine rasante Entwicklung statt. Herr … nutzte daher, auch in Eigeninitiative, sinnvoll und erfolgreich alle Möglichkeiten, sein sehr gutes Know-how auf dem aktuellen Stand zu halten.

Bewertung gut

- Herr … ergriff von sich aus die Initiative und setzte sich mit überdurchschnittlicher Einsatzbereitschaft für unser Unternehmen ein.
- Seine Aufgaben erledigte er stets selbstständig mit großer Sorgfalt und Genauigkeit.
- Während der Zeit der Beschäftigung in unserem Hause verstand Herr … es, sich in neuen Situationen sehr gut zurechtzufinden.
- Herr … arbeitet sehr zuverlässig und zügig. Er denkt bei der Arbeitsvorbereitung mit und plant selbstständig.
- Herr … arbeitete selbstständig nach eigener und klarer Planung und erzielte stets gute Lösungen.
- Herr … stellte sich auf seine Aufgaben sehr gut ein und zeigte stets persönliches Engagement und Verantwortungsbewusstsein.
- Herr … zeichnete sich stets durch gute Arbeitsweise aus.
- Herr … arbeitete stets zuverlässig und gewissenhaft.
- Herr … erledigte seine Aufgaben stets mit großer Sorgfalt und Genauigkeit.
- Im Rahmen seiner Tätigkeit hat Herr … seine Aufgaben selbstständig und mit einem großen Maß an Eigeninitiative ausgeführt.

- Herr … zeigte sich pflichtbewusst und gewissenhaft und war stets bereit, in großem Umfang Verantwortung zu übernehmen.

Außertarifliche und leitende Angestellte

- Herr … verfügt über eine gute technisch-wirtschaftliche Sachkompetenz und eine große Berufs- und Leitungserfahrung. Die Geschäftsleitung konnte sich auf seine fundierten Ratschläge und sein umsichtiges Urteil verlassen.
- Herr … hat wiederholt auf Fachkongressen anerkannte und zum Teil publizierte Fachvorträge gehalten.
- Herr … besitzt ein umfassendes, jederzeit verfügbares Fachwissen, mit dessen Hilfe er auch schwierige Fragen erfolgreich löste.
- Herr … ist ein versierter (Bezeichnung) mit gutem (Fachbereich-/Aufgabengebiet)-Wissen.
- Herr … verband hohe technische Kompetenz mit gutem betriebswirtschaftlichem Sachverstand.
- Herr … hat sich autodidaktisch gute Kenntnisse auf dem (Bezeichnung)-Gebiet erworben und zum Nutzen des Unternehmens eingesetzt.
- Herr … gab aufgrund seiner guten Fachkenntnisse und seiner Energie und Tatkraft dem Hause wiederholt Impulse, die zu deutlichen Verbesserungen der Arbeitsabläufe führten.
- Sein gutes Fachwissen und seine große Berufserfahrung befähigten ihn bei speziellen Fragen und in schwierigen Lagen zu durchdachten und realistischen Entscheidungen.
- Das Unternehmen profitierte in hohem Maße von seiner langen und reichhaltigen Funktions- und Branchenerfahrung.
- Herr … setzte seine umfassenden, profunden und aktuellen Kenntnisse stets wirksam und nutzbringend ein.
- Herr … zeichnete sich durch Professionalität aus. Seine umfangreichen und fundierten Kenntnisse hielt er durch kontinuierliche Fortbildung stets auf dem neuesten Wissensstand.

- Darüber hinaus hielt Herr … den fachlichen Kontakt zu den einschlägigen Fakultäten und Forschungsinstituten.

Bewertung befriedigend

- Herr … zeigte Einsatzbereitschaft und Eigeninitiative.
- Herr … arbeitete zuverlässig und zügig.
- Die Arbeitsweise von Herrn … stellte uns stets zufrieden.
- Er arbeitete gewissenhaft und sehr selbstständig.
- Er erledigte seine Aufgaben stets mit Sorgfalt und Genauigkeit.
- Herr … zeichnete sich durch eine gute Arbeitsweise aus.
- Herr … arbeitete zuverlässig und genau.
- Herr … war zuverlässig und arbeitete genau.
- Die Arbeitsleistung von Herrn … war durch Zuverlässigkeit gekennzeichnet.
- Die Arbeitsleistung von Herrn … war durch Genauigkeit und Zuverlässigkeit gekennzeichnet.
- Seine Aufgaben erledigte er mit Sorgfalt und Genauigkeit.

Außertarifliche und leitende Angestellte

- Herr … verfügt über eine große Berufserfahrung. Die Geschäftsleitung hat seine Ratschläge gerne berücksichtigt.
- Herr … hat auf Fachtagungen Fachvorträge auf dem Gebiet … gehalten.
- Herr … besitzt ein jederzeit verfügbares Fachwissen, mit dessen Hilfe er seine Aufgaben erfolgreich löste.
- Herr … hat regelmäßig an verschiedenen internen und externen Veranstaltungen aus dem Themenbereich … teilgenommen.
- Sein gutes Fachwissen und seine Berufserfahrung befähigten Herrn … bei auftretenden Fragen und in besonderen Lagen zu durchdachten und realistischen Entscheidungen.
- Das Unternehmen profitierte von seiner Funktions- und Branchenerfahrung.

Bewertung ausreichend

- Herr ... hat der geforderten Einsatzbereitschaft entsprochen.
- Herr ... arbeitete bei allen wesentlichen Aufgaben zuverlässig.
- Herr ... bearbeitete die wichtigen Aufgaben zuverlässig.
- Herr ... bewältigte die entscheidenden Aufgaben zuverlässig.
- Herr ... arbeitete selbstständig und erreichte praktikable Lösungen.
- Herr ... erledigte seine Aufgaben mit Sorgfalt und Genauigkeit.
- Herr ... arbeitete stets mit ausreichender Sorgfalt.
- Wir können Herrn ... als sorgfältigen Mitarbeiter bezeichnen.
- Das Arbeitsverhalten von Herrn ... war angemessen und zweckmäßig.
- Herr ... erledigte seine Aufgaben korrekt und termingerecht.

Außertarifliche und leitende Angestellte

- Herr ... gab der Geschäftsleitung aufgrund seiner Berufserfahrung fachliche Hinweise, die wiederholt berücksichtigt wurden.
- Herr ... hat auch die heute angebotenen Möglichkeiten genutzt, sich in seinem Fach weiterzubilden. Er verfügt daher über ein solides Grundwissen.
- Herr ... hat sich durch Besuche von Fachkursen und durch das Wahrnehmen anderer Fortbildungsmöglichkeiten über die Entwicklung orientiert und sich mit dem gegenwärtigen Erkenntnisstand seines Fachgebietes beschäftigt.
- Sein Fachwissen und seine Berufsroutine befähigten ihn bei auftretenden Fragen zu den notwendigen Entscheidungen.
- Seine umfangreiche Bildung machte ihn zu einem gesuchten Gesprächspartner.

(Dieser Satz gehört mit auf die Giftliste. Umfangreiche Bildung und Gesprächsbereitschaft werden hier nur scheinbar positiv herausgestellt. In Wirklichkeit stempelt man den Beurteilten als Plaudertasche ab.)

Bewertung mangelhaft

- Herr … hat der geforderten Einsatzbereitschaft im Wesentlichen entsprochen.
- Das Arbeitsverhalten von Herrn … war zweckmäßig und ohne größere Beanstandungen.
- Herr … war stets um eine sorgfältige Arbeitsweise bemüht.
- Herr … erledigte alle Aufgaben mit der ihm eigenen Sorgfalt und Genauigkeit.
- Herr … ist seinen Aufgaben stets korrekt und pünktlich nachgekommen.
- Herr … hat gewissenhaft gearbeitet.
- Herr … strebte optimale Lösungen an.
- Herr … arbeitete im Allgemeinen zuverlässig und zügig.
- Herr … erledigte seine Aufgaben im Allgemeinen mit Sorgfalt und Genauigkeit.
- Herr … arbeitete bei allen wesentlichen Aufgaben zuverlässig.
- Herr … arbeitete grundsätzlich zuverlässig.

Außertarifliche und leitende Angestellte

- Herr … verfügte über ein ausbaufähiges Grundwissen und war unermüdlich bestrebt, seinen fachlichen Horizont zu erweitern.
- Herr … besaß ein gesundes Selbstvertrauen und war allem Neuen gegenüber sehr aufgeschlossen.
- Herr … engagierte sich auch in unserem Fachverband, wo er als Fachmann für (Bezeichnung) galt.
- Besonders begrüßten wir sein Bestreben, sich durch Besuche von Fachkursen über neuere Entwicklungen zu orientieren und sich mit seinem Fachgebiet zu beschäftigen.

6.6 Arbeitserfolg

Bewertung sehr gut

- Herr ... ist auch stärkstem Arbeitsanfall jederzeit gewachsen.
- Auch in schwierigen Situationen fand er stets optimale Lösungen.
- Er fand stets optimale Lösungen, die er kostengünstig in die Praxis umsetzte.
- Seine Arbeitsergebnisse sind, auch in schwierigen Fällen, stets von höchster Qualität.
- Die Qualität seiner Arbeit war ausnahmslos sehr hoch.
- Die Qualität seiner Arbeit lag stets sehr weit über dem Durchschnitt.
- Er leistete auch unter Termindruck und bei schwierigen Bedingungen stets einwandfreie Arbeit.
- Arbeitsmenge und Arbeitstempo lagen stets sehr weit über dem Durchschnitt.
- Die Qualität seiner Arbeit lag stets weit über dem Durchschnitt der Arbeitsgruppe.
- Herr ... beeindruckte durch eine konstante und sehr gute Arbeitsqualität. Er ist ein perfekter (Berufsbezeichnung).
- Durch seine zielstrebige und umsichtige Arbeit hat er stets sehr gute Erfolge erzielt.

Außertarifliche und leitende Angestellte

- Herr ... bearbeitete und löste alle Problemstellungen stets sehr selbstständig, sorgfältig und systematisch.
- Herr ... zeichnete sich stets durch einen sehr guten und effizienten Arbeitsstil aus.
- Herr ... hatte einen sicheren Blick für das Wichtige und Wesentliche und arbeitete stets planvoll, methodisch und sehr gründlich.
- Herr ... war ein äußerst verantwortungsbewusster und zuverlässiger Mitarbeiter. Sein Arbeitsstil zeichnete sich stets durch eine sehr sorgfältige Planung und durch Systematik und klare Strukturierung aus.

- Herr ... bereitete Entscheidungen stets sehr gründlich vor, traf diese zum richtigen Zeitpunkt und setzte sie mit Überzeugungskraft und Glaubwürdigkeit um.
- Herr ... war ein äußerst gewissenhaft und selbstständig arbeitender Mitarbeiter, der seine Aufgaben stets planvoll und systematisch bearbeitete und erledigte.
- Seine Arbeitsweise war stets durch Umsicht geprägt. Bei seinen Vorschlägen bedachte Herr ... vorab alle möglichen Fälle, sodass sich seine Lösungen in der Praxis stets sehr gut bewährten.
- Der Arbeitsstil von Herrn ... war jederzeit in sehr hohem Maße geprägt von Zuverlässigkeit, Systematik, Verantwortungs- und Kostenbewusstsein.

Bewertung gut

- Herr ... ist auch starkem Arbeitsanfall jederzeit gewachsen.
- Die Arbeitsqualität von Herrn ... war konstant gut.
- Arbeitsmenge und Arbeitstempo lagen weit über unseren Erwartungen.
- Aufgrund seiner systematischen Arbeitsweise und seiner Berufserfahrung war Herr ... in der Lage, auch schwierige Probleme erfolgreich zu lösen.
- Die Qualität seiner Arbeit lag stets deutlich über dem Durchschnitt der Arbeitsgruppe.
- Aufgrund seiner umsichtigen und effizienten Arbeitsweise erbrachte er auch in Ausnahmesituationen stets eine gute Leistung.
- Die Qualität seiner Arbeitsergebnisse lag weit über den Anforderungen.
- Seine Arbeitsqualität übertraf weit die Anforderungen, die an einen qualifizierten Mitarbeiter gestellt werden können.
- Er erwies sich als pflichtbewusster und zuverlässiger Mitarbeiter, der Aufgaben stets zügig und gut erledigte.
- Durch seine selbstständige und eigenverantwortliche Arbeit hat er stets gute Erfolge erzielt.

- Die Arbeitsqualität lag weit über den Anforderungen.

Außertarifliche und leitende Angestellte

- Herr … bearbeitete und löste alle Problemstellungen sehr selbstständig, sorgfältig und systematisch stets sehr erfolgreich.
- Herr … zeichnete sich stets durch einen guten und effizienten Arbeitsstil aus.
- Herr … hatte einen sicheren Blick für das Wichtige und Wesentliche und arbeitete planvoll, methodisch und sehr gründlich.
- Herr … war ein sehr zuverlässiger Mitarbeiter. Sein Arbeitsstil zeichnete sich durch sorgfältige Planung, Systematik und klare Strukturierung aus.
- Herr … war ein gewissenhaft und selbstständig arbeitender Mitarbeiter, der seine Aufgaben planvoll und systematisch bearbeitete und erledigte.
- Herr … bereitete Entscheidungen gründlich vor, traf diese zum richtigen Zeitpunkt und setzte sie mit Überzeugungskraft und Glaubwürdigkeit um.
- Seine Arbeitsweise war stets durch Umsicht geprägt. Bei seinen Vorschlägen bedachte er vorab mögliche Fälle, sodass sich seine Lösungen in der Praxis stets gut bewährten.
- Der Arbeitsstil von Herrn … war jederzeit in hohem Maße geprägt von Zuverlässigkeit, Systematik, Verantwortungs- und Kostenbewusstsein und übertraf stets die in ihn gesetzten Erwartungen.

Bewertung befriedigend

- Herr … ist starkem Arbeitsanfall gewachsen.
- Die von ihm gezeigten Arbeitsergebnisse entsprachen stets den Anforderungen.
- Seine Arbeitsqualität war gut.
- Die Qualität seiner Arbeit genügte hohen Ansprüchen.

- Die Arbeitsergebnisse von Herrn … waren von hoher Qualität.
- Die Qualität seiner Arbeit entsprach dem Durchschnitt der Arbeitsgruppe.
- Die Qualität seiner Arbeitsergebnisse erfüllte in vollem Umfang die Arbeitsanforderung.
- Seine Arbeitsproduktivität war sehr hoch.
- Die Arbeitsqualität von Herrn … war voll befriedigend.
- Herr … lieferte eine dem Durchschnitt entsprechende Arbeitsqualität.
- Durch seine umsichtige Arbeit hat er Qualitätserfolge erzielt.

Außertarifliche und leitende Angestellte

- Herr … bearbeitete und löste die Problemstellungen selbstständig, sorgfältig und systematisch.
- Herr … zeigte eine gute Arbeitsweise.
- Herr … hatte einen Blick für das Wesentliche und arbeitete gründlich.
- Herr … war ein zuverlässiger Mitarbeiter. Sein Arbeitsstil zeichnete sich durch Planung, Systematik und klare Strukturierung aus.
- Herr … war ein selbstständig arbeitender Mitarbeiter, der seine Aufgaben systematisch bearbeitete und erledigte.
- Seine Arbeitsweise war umsichtig. Bei seinen Vorschlägen bedachte er vorab mögliche Fälle, sodass sich seine Lösungen in der Praxis bewährten.
- Der Arbeitsstil von Herrn … war geprägt von Zuverlässigkeit, Systematik, Verantwortungs- und Kostenbewusstsein.

Bewertung ausreichend

- Herr … ist dem üblichen Arbeitsanfall gewachsen.
- Die Arbeitsqualität von Herrn … entsprach den Erwartungen.
- Herr … lieferte eine zufriedenstellende Arbeitsqualität.

- Die Arbeitsqualität entsprach den Erwartungen.
- Herr ... zeigte stets eine zufriedenstellende Arbeitsqualität.
- Arbeitsmenge und Arbeitstempo waren nicht zu beanstanden.
- Er zeigte im Allgemeinen eine zufriedenstellende Arbeitsqualität.
- Die Qualität seiner Arbeit entsprach im Allgemeinen unseren Erwartungen.
- Die Qualität seiner Arbeit entsprach fast immer dem Durchschnitt der Arbeitsgruppe.
- Arbeitsmenge und Arbeitstempo entsprachen den Erwartungen.
- Die Qualität seiner Arbeit entsprach den Erwartungen.

Außertarifliche und leitende Angestellte

- Herr ... bearbeitete die Problemstellungen, die wir ihm übertrugen, ohne Komplikationen.
- Herr ... zeigte eine zufriedenstellende Arbeitsweise.
- Herr ... überließ nichts dem Zufall. Er arbeitete äußerst penibel und kümmerte sich mit erheblichem Zeitaufwand auch als Vorgesetzter noch um nahezu alle Details.
- Herr ... erwies sich als ein Mitarbeiter, der an die Aufgaben, die wir ihm übertrugen, systematisch heranging.
- Aufgrund seiner gründlichen Arbeitsweise übersah er nichts Wesentliches.
- Sein Arbeitsstil kann als systematisch bezeichnet werden.

Bewertung mangelhaft

- Herr ... ist dem üblichen Arbeitsanfall im Wesentlichen gewachsen.
- Arbeitsmenge und Arbeitstempo genügten im Allgemeinen unseren Erwartungen.
- Er strebte danach, qualitativ gute Arbeit zu leisten.
- Die Qualität seiner Arbeit erreichte wiederholt den Durchschnitt der Arbeitsgruppe.

- Seine Arbeitsergebnisse entsprachen im Allgemeinen der erforderlichen Qualität.
- Er hat sich stets bemüht, die ihm übertragenen Aufgaben zu unserer Zufriedenheit zu erledigen.
- Er war fast immer intensiv bei der Arbeit.
- Er fertigte im Allgemeinen eine zufriedenstellende Arbeitsqualität.
- Er arbeitete im Allgemeinen sorgfältig und genau.
- Er war stets bemüht, seine Aufgaben termingerecht abzuschließen.
- Herr … lieferte insgesamt eine zufriedenstellende Arbeitsqualität, sodass seine Arbeit nur stichprobenhaft geprüft werden musste.

Außertarifliche und leitende Angestellte

- Herr … zeigte eine insgesamt zufrieden stellende Arbeitsweise.
- Herr … erwies sich als ein Mitarbeiter, der an die Aufgaben, die wir ihm übertrugen, im Rahmen seiner Möglichkeiten wiederholt systematisch heranging.
- Aufgrund seiner gründlichen Arbeitsweise übersah er insgesamt nichts Wesentliches.
- Die Position von Herrn … erforderte einen durch sorgfältige Planung, Systematik und klare Strukturierung geprägten Arbeitsstil.
- Bei der Einführung des neuen Produktes (Bezeichnung) setzte sich Herr … voll ein und zeigte dabei, dass er ein guter Produktmanager sein kann.
  (Auch das gehört in die Giftliste. Was ist denn ein guter Produktmanager?)
- Es war ein besonderes Anliegen von Herrn …, die Problemstellungen, die wir ihm zur Lösung übertrugen, sorgfältig, systematisch und weitgehend selbstständig anzugehen.

6.7 Sozialverhalten

Bewertung sehr gut

- Sein Verhalten gegenüber Vorgesetzten und Kollegen war stets sehr vorbildlich.
- Sein Verhalten gegenüber Vorgesetzten und Kollegen war stets einwandfrei. Er trug in hohem Maße zu einem harmonischen Betriebsklima bei.
- Wegen seiner stets verbindlichen, kooperativen und hilfsbereiten Art war Herr … seinen Vorgesetzten eine wertvolle Stütze und den Kollegen ein geschätzter Partner.
- Herr … wurde von seinen Vorgesetzten und Kollegen als fleißiger und freundlicher Mitarbeiter geschätzt.
- Herr … hat unsere Kunden und Geschäftspartner stets korrekt und zuvorkommend bedient und wurde durch sein fundiertes Fachwissen geschätzt.
- Sein Verhalten gegenüber unseren Kunden und Geschäftspartnern war stets vorbildlich.
- Sein persönliches Verhalten war jederzeit vorbildlich.
- Sein persönliches Verhalten war stets vorbildlich. Bei Vorgesetzten, Kollegen und Geschäftspartnern war er sehr geschätzt.
- Sein persönliches Verhalten war jederzeit vorbildlich. In seinem Umgang mit Vorgesetzten und Kollegen verstand er es stets, eine vertrauensvolle und offene Atmosphäre zu schaffen.
- Sein persönliches Verhalten war stets sehr gut.

Außertarifliche und leitende Angestellte

- Sein Verhalten zu Vorgesetzten, Kollegen und Mitarbeitern war stets vorbildlich. Hervorzuheben ist sein ausgezeichnetes Gespür für den Umgang mit Mitarbeitern aller Ebenen.
- Sein Verhalten zur Geschäftsleitung, seine Einbindung im Managementkollegium und sein offener Zugang zu den Mitarbeitern waren stets vorbildlich. Die bereichs-

übergreifende Kooperation wurde von ihm in sehr positiver Weise mitgeprägt.

- Sein Verhalten war jederzeit mustergültig. Im Umgang mit Vorgesetzten, Gleichgestellten und Mitarbeitern machten ihn seine Kontaktfreudigkeit, sein sicheres, unaufdringliches Verhalten und seine Zuverlässigkeit in der Einhaltung gegebener Zusagen zu einem gesuchten Kooperations- und Gesprächspartner.
- Mit seiner charakterlichen Integrität und seinem aktiven und kooperativen Wesen war er stets beim Vorstand, im Management und bei den Mitarbeitern gleichermaßen absolut anerkannt und beliebt. Er trug in hohem Maße zu einem effizienten und harmonischen Betriebsklima bei.
- Wegen seines Kooperationsvermögens, seiner absoluten Vertrauenswürdigkeit und seiner stets verbindlichen, aber bestimmten Verhaltensweise war er bei Vorgesetzten, Kollegen und Mitarbeitern gleichermaßen anerkannt und sehr geschätzt. Auch in unseren Zweigwerken/Filialen wurde er stets gerne gesehen.
- Durch seine enorme fachliche Leistung und durch seine überzeugende Persönlichkeit erwarb er sich höchste Anerkennung und Wertschätzung seiner Vorgesetzten und Kollegen und seines Mitarbeiterstabes.
- Bei der Geschäftsführung, beim Management und bei den Mitarbeitern war er wegen seiner Objektivität und seiner sympathischen Ausstrahlung stets sehr anerkannt, geschätzt und beliebt.
- Durch seine überzeugende Persönlichkeit erwarb er sich die Anerkennung der Geschäftsleitung und der Managementkollegen. Für alle Mitglieder des Vorstandes / der Geschäftsführung war er stets, auch über Fragen seines Fachgebietes hinaus, ein gesuchter und respektierter Gesprächspartner.
- Herr … genoss bei unserer Kundschaft, insbesondere auch bei unseren … (ausländischen Kunden, Key Accounts), stets sehr hohes Ansehen.

- Herr ... hat das Unternehmen durch sein seriöses Auftreten, seine fachliche Autorität und seine absolute Verhandlungssicherheit jederzeit sehr überzeugend nach außen vertreten. Besonders hervorzuheben ist seine Akquisitionsstärke.
- Herr ... wurde von unseren Kunden und Lieferanten als fachlich sehr kompetenter und persönlich gewinnender Geschäftspartner, der stets mit Geschick die Interessen der Beteiligten zum Nutzen aller in Übereinstimmung brachte, jederzeit sehr geschätzt.

Bewertung gut

- Sein persönliches Verhalten war stets gut.
- Sein persönliches Verhalten war jederzeit einwandfrei. In seinem Umgang mit Vorgesetzten und Kollegen verstand er es, eine vertrauensvolle und offene Atmosphäre zu schaffen. Gegenüber Außenstehenden war sein Verhalten vorbildlich.
- Sein persönliches Verhalten war stets einwandfrei. Bei Vorgesetzten und Kollegen ist er geschätzt.
- Sein persönliches Verhalten war vorbildlich.
- Im Umgang mit unseren Kunden bewies er großes Geschick.
- Herr ... war hilfsbereit und bewies ein sehr gutes Verhalten gegenüber Vorgesetzten, Kollegen und Zulieferern.
- Sein Verhalten gegenüber Vorgesetzten und Kollegen war lobenswert.
- Seine Zusammenarbeit mit Vorgesetzten und Kollegen war stets gut.
- Sein Verhalten zu Vorgesetzten und Mitarbeitern war vorbildlich.
- Sein Verhalten gegenüber Vorgesetzten und Kollegen war stets einwandfrei.

Außertarifliche und leitende Angestellte

- Seine Kooperation mit Vorgesetzten, Kollegen und Mitarbeitern war stets gut.

- Sein Verhalten gegenüber Vorgesetzten, Kollegen und Mitarbeitern war einwandfrei.
- Sein ausgeglichenes, aber bestimmtes Wesen sicherte ihm stets ein gutes Verhältnis zu Vorgesetzten, Kollegen und Mitarbeitern.
- Sein Verhalten zu Vorgesetzten, Kollegen und Mitarbeitern war einwandfrei. Er hat ein gutes Gespür für den Umgang mit Mitarbeitern aller Ebenen.
- Sein Verhalten zur Geschäftsleitung, seine Einbindung im Managementkollegium und sein Zugang zu den Mitarbeitern waren einwandfrei.
- Die bereichsübergreifende Kooperation wurde von ihm in stets positiver Weise mitgeprägt.
- Durch seine hohe fachliche Leistung und durch seine Persönlichkeit erwarb er sich die Anerkennung und Wertschätzung seiner Vorgesetzten und Kollegen und seines Mitarbeiterstabes.
- Bei der Geschäftsführung, beim Management und bei den Mitarbeitern war er wegen seiner Objektivität und seiner sympathischen Art sehr anerkannt, geschätzt und beliebt.
- Herr … hat das Unternehmen durch sein seriöses Auftreten, seine fachliche Kompetenz und seine Verhandlungssicherheit überzeugend nach außen vertreten.
- Herr … wurde von unseren Kunden und Lieferanten als kompetenter und persönlich gewinnender Geschäftspartner, der stets die Interessen der Beteiligten zum Nutzen aller in Übereinstimmung brachte, geschätzt.
- Herr … hat sich auf die individuellen Wünsche unserer vermögenden und anspruchsvollen Privatkunden jeweils gut eingestellt. Sie schätzten seine fachliche Kompetenz und seine überzeugende Beratung. Sein Verhalten gegenüber Vorgesetzten und Kollegen war stets gut.

Bewertung befriedigend

- Sein Verhalten gegenüber Vorgesetzten und Mitarbeitern war gut.
- Seine Zusammenarbeit mit Vorgesetzten und Mitarbeitern war gut.
- Sein Verhalten gegenüber Vorgesetzten und Mitarbeitern war verbindlich.
- Wegen seiner freundlichen und zuvorkommenden Art war er bei Vorgesetzten und Kollegen gleichermaßen beliebt.
- Sein persönliches Verhalten war einwandfrei.
- Sein persönliches Verhalten gegenüber Vorgesetzten und Kollegen war einwandfrei.
- Sein persönliches Verhalten gegenüber Vorgesetzten und Kollegen war menschlich und fair.
- Sein persönliches Verhalten war freundlich und korrekt.
- Sein Verhalten gegenüber Vorgesetzten und Kollegen war stets spannungsfrei.

Außertarifliche und leitende Angestellte

- Sein ausgeglichenes, aber bestimmtes Wesen sicherte ihm ein gutes Verhältnis zu Vorgesetzten, Mitarbeitern und Kollegen.
- Sein Verhalten zu Vorgesetzten, Mitarbeitern und Kollegen war voll zufriedenstellend.
- Sein Verhalten gegenüber Vorgesetzten, Mitarbeitern und Kollegen war einwandfrei.
- Seine Kooperation mit Vorgesetzten, Kollegen und Mitarbeitern war gut.
- Durch sein Wesen war Herr … beim Vorstand, im Management und bei den Mitarbeitern gleichermaßen anerkannt und beliebt.
- Wegen seiner fachlichen Leistung und durch seine Art erwarb er sich die Anerkennung seiner Vorgesetzten, Kollegen und seines Mitarbeiterstabes.
- Beim Management, bei der Geschäftsführung und bei den Mitarbeitern war er geschätzt und beliebt.

- Seine positive Art, mit Gesprächs- und Verhandlungspartnern umzugehen, war geprägt durch Sachlichkeit und Höflichkeit. Daher war er auch bei unseren Geschäftsfreunden geschätzt und beliebt.
- Sein Kontaktvermögen und seine Geradlinigkeit führten zu einer positiven und erfolgreichen Zusammenarbeit mit unseren Kunden.

Bewertung ausreichend

- Die Zusammenarbeit mit der Belegschaft verlief ungetrübt.
- Er ist mit Vorgesetzten und Kollegen ausgekommen.
- Sein Verhalten zu Vorgesetzten und Kollegen war zufriedenstellend.
- Sein persönliches Verhalten gab uns zu Beanstandungen keinen Anlass.
- Sein Verhalten war ordnungsgemäß.
- Sein Verhalten war tadellos.
- Sein Verhalten gegenüber unseren Kunden war nicht zu beanstanden.
- Seine Zusammenarbeit mit seinen Vorgesetzten und Kollegen war stets befriedigend.
- Sein persönliches Verhalten war einwandfrei.
- Sein Verhalten zu Mitarbeitern war stets einwandfrei.

Außertarifliche und leitende Angestellte

- Sein Verhalten war distanziert, aber höflich.
- Seine Kooperation mit Mitarbeitern, Kollegen und Vorgesetzten war zufriedenstellend.
- Aufgrund seines kooperativen Wesens war er allseits anerkannt.
- Wegen seiner verbindlichen Verhaltensweise war er bei den Mitarbeitern anerkannt und geschätzt.
- Sein Verhalten gegenüber Vorgesetzten, Kollegen und Mitarbeitern war zufriedenstellend.
- Das Verhalten war korrekt.
- Sein Verhalten war zufriedenstellend.

- Herr … vertritt konsequent seine Auffassungen. Wegen seines unbestrittenen Kooperationsvermögens war er anerkannt.
- Sein Auftreten gegenüber Kunden und Lieferanten war nicht zu beanstanden.
- Sein Kontaktvermögen gewährleistete eine stete Zusammenarbeit mit unseren Kunden.
- Herr … wurde von unserer Kundschaft durchaus als Ansprechpartner anerkannt.

Bewertung mangelhaft

- Herr … war stets um ein gutes Verhältnis zu Vorgesetzten und Kollegen bemüht.
- Gegenüber den Mitarbeitern verhielt er sich kollegial. Sein Verhalten zu Vorgesetzten war insgesamt nicht zu beanstanden.
- Sein Verhalten gab uns selten Anlass zu Beanstandungen.
- Sein Verhalten und Einfühlungsvermögen gab uns selten Anlass zu Beanstandungen.
- Das persönliche Verhalten von Herrn … war im Wesentlichen einwandfrei.
- Sein persönliches Verhalten gegenüber Kollegen war einwandfrei.
- Sein persönliches Verhalten gegenüber Vorgesetzten war einwandfrei.
- Sein persönliches Verhalten gegenüber Vorgesetzten war zumeist einwandfrei.
- Er wurde als umgänglicher Kollege geschätzt.

Außertarifliche und leitende Angestellte

- Seine verbindliche Verhaltensweise wird allseits anerkannt und geschätzt.
- Sein Verhalten gegenüber Vorgesetzten, Kollegen und Mitarbeitern war insgesamt einwandfrei.
- Seine Kooperation mit Mitarbeitern, Kollegen und Vorgesetzten war weitgehend zufriedenstellend.

- Durch seine kooperationsgeneigte Art war er bei den Mitarbeitern und auch im Management durchaus anerkannt.
- Gegenüber den Mitarbeitern/Vorgesetzten verhielt er sich korrekt.
- Das Benehmen von Herrn … war ohne Tadel, seine Umgangsformen wirkten gut.
- Herr … war ein umgänglicher Mitarbeiter, der den Vorgesetzten jederzeit unbeschwert und offen entgegentrat.
- (Unbeschwert und offen kann auch interpretiert werden als frei von jeder Höflichkeit und knallhart.)
- Herr … bemühte sich aufrichtig um ein überzeugendes und höfliches Auftreten gegenüber unseren Kunden.
- Herr … verfügte auch über das notwendige Kontaktvermögen als Ansprechpartner für unsere Kunden.
- Herr … bemühte sich stets sehr um die Anerkennung unserer Kundschaft.
- Es war stets sein Anliegen, durch sein Erscheinungsbild zur Präsentation unseres Hauses nach außen wirkungsvoll beizutragen.
- Wir bestätigen ihm gerne, dass er von unserer Kundschaft als Gesprächspartner akzeptiert wurde.
- Besonders aufgrund seines höflichen Auftretens war er bei unseren Kunden schnell beliebt.
- In seinen Verhandlungen mit unseren Kunden vertrat er die Interessen unseres Hauses, was sich in entsprechenden Geschäftsabschlüssen niederschlug.
- Auch bei unseren Kunden war er sehr schnell beliebt. Er erfreute sich dort wegen seines angenehmen Verhandlungsstils großer Akzeptanz.

6.8 Führungsleistung

Bewertung sehr gut

- Herr … motivierte sein Team durch eine fach- und personenbezogene Führung stets zu guter Leistung.

- Herr … war aufgrund seiner Führungseigenschaften als Vorgesetzter anerkannt und beliebt. Er verhielt sich gegenüber den Mitarbeitern stets offen und kollegial, verstand es aber dennoch, sich in schwierigen Situationen durchzusetzen und seine Mitarbeiter zu optimalem Arbeitseinsatz zu führen.
- Herr … forderte und förderte intensiv seine Mitarbeiter, sodass eine ganze Reihe von Führungskräften aus seiner Abteilung hervorgegangen ist.
- Obwohl Herr … direkt aus den Reihen seiner ehemaligen Kollegen heraus befördert wurde, meisterte er diese schwierige Führungsaufgabe mit psychologischem Geschick in vorbildlicher Weise.
- In seiner Abteilung herrschte ein sehr gutes Leistungs- und Betriebsklima. Herr … delegierte angemessen Aufgaben, Kompetenzen und Verantwortung und förderte so die Selbstständigkeit seiner Mitarbeiter.
- Durch sein vorbildliches Handeln verwirklichte Herr … das Verlangen seiner Mitarbeiter und Mitarbeiterinnen nach Anerkennung und Selbstentfaltung. Das Unternehmen profitierte durch eine hohe Arbeitsmotivation der Gruppe. Fehlzeiten und Fluktuation gingen unter seiner Leistungsnorm zurück und sind heute unterdurchschnittlich.
- Herr … war ein geachteter und fürsorglicher Vorgesetzter. Er verstand es ausgezeichnet, Teamgeist zu wecken und durch laufende Verbesserungen im Arbeitsprozess die Effektivität seiner Abteilung zu steigern.
- Herr … besitzt eine natürliche Autorität, genießt das Vertrauen seiner Mitarbeiter und wird von ihnen anerkannt und geschätzt. Er versteht es, seine Mitarbeiter sicher einzuschätzen, zu motivieren und zu sehr guten Leistungen zu führen.
- Herr … erzielte mit seinen Mitarbeitern stets hervorragende Leistungen, wobei er die Belange seiner Mitarbeiter jederzeit berücksichtigte und ihre Fähigkeiten erkannte und förderte.

- Herr … pflegt einen modernen, auf Kooperation und seine Überzeugungskraft aufbauenden Führungsstil und motivierte seine Mitarbeiter zu sehr guten Leistungen.

Bewertung gut

- Herr … pflegte einen modernen, auf Kooperation und seine Überzeugungskraft aufbauenden Führungsstil und motivierte seine Mitarbeiter zu guten Leistungen.
- Herr … erzielte mit seinen Mitarbeitern immer gute Leistungen. Er ging auf seine Mitarbeiter ein und unterstützte und förderte sie.
- Herr … praktizierte einen kooperativen Führungsstil und war in der Lage, seine Mitarbeiter zu motivieren und sie zielgerichtet zu guten Leistungen zu führen.
- Herr … wurde von seinen Mitarbeitern anerkannt und geschätzt und war in der Lage, die Mitarbeiter entsprechend ihren Fähigkeiten einzusetzen und mit ihnen gute Leistungen zu erzielen.
- In seiner Abteilung herrschte ein gutes Leistungs- und Betriebsklima. Seine Mitarbeiter beurteilte Herr … aufgrund seiner Berufs- und Lebenserfahrung ausgewogen.
- Herr … war ein sachlich überzeugender und im persönlichen Umgang vorbildlicher Vorgesetzter. Es gelang ihm, eine leistungsstarke und homogene Arbeitsgruppe zu formen.
- Sein mitreißendes Engagement, seine natürliche Autorität und sein Gerechtigkeitssinn machten Herrn … zu einem Vorgesetzten, bei dem sich die Mitarbeiter wohl fühlten und hohe Leistungen erbrachten.
- Herr … verstand es mit besonderem Geschick, seine Mitarbeiter zu Leistungen zu führen, ein gutes Arbeitsklima zu schaffen und die Zusammenarbeit mit seinen Mitarbeitern auf eine natürliche Vertrauensbasis zu stellen.
- Herr … war ein angenehmer und fairer Vorgesetzter. Er hat seine Mitarbeiter zu einem effizienten und harmonischem Team entwickelt.

- Herr ... verfügt über gute Führungseigenschaften. Er begeistert seine Mitarbeiter und führt sie zu hohen Leistungen.

Bewertung befriedigend

- Herr ... führte seine Mitarbeiter zielbewusst zu überdurchschnittlichen Leistungen.
- Herr ... war als Vorgesetzter anerkannt und beliebt. Er operierte dem Personal gegenüber offen und kollegial und verstand es, seine Mitarbeiter stets zu erfolgreichem Arbeitseinsatz zu bewegen.
- Herr ... war ein gradliniger und zugleich fürsorglicher Vorgesetzter. Er verstand es, Teamgeist zu wecken und Verbesserungen im Arbeitsprozess einzuführen.
- Als Vorgesetzter besaß Herr ... die notwendige Konsequenz, natürliche Autorität und die organisatorischen Fähigkeiten, Mitarbeiter anzuleiten und erfolgreich zu führen.
- Herr ... war als Vorgesetzter anerkannt und beliebt. Er verstand es, seine Mitarbeiter zu erfolgreichem Arbeitseinsatz zu bewegen.
- Herr ... wurde von seinen Mitarbeitern geachtet und besaß die Fähigkeit, Mitarbeiter anzuleiten und verantwortungsbewusst stets zu den gewünschten Leistungen zu führen.
- Er verstand es, die Unternehmensziele mit seinen Mitarbeitern effektiv umzusetzen und dabei die Belange seiner Mitarbeiter zu berücksichtigen.
- Herr ... praktizierte einen kooperativen Führungsstil und motivierte stets seine Mitarbeiter.
- Herr ... pflegte einen modernen, auf Kooperation und Überzeugungskraft aufbauenden Führungsstil, mit dem er seine Mitarbeiter gut motivierte.
- Seine Mitarbeiter motivierte er durch seine Führung zu vollem Einsatz.
- Seine Mitarbeiter führte Herr ... zu guten Erfolgen stets innerhalb der vereinbarten Zeiträume.

Bewertung ausreichend

- Seine Mitarbeiter motivierte er zu zufriedenstellender Arbeit.
- Herr ... pflegte einen modernen, auf Kooperation und Überzeugungskraft aufbauenden Führungsstil, mit dem er seine Mitarbeiter sachgerecht anleitete.
- Herr ... verstand es, seinen Mitarbeitern die Unternehmensziele zu vermitteln und die Ziele mit seinen Mitarbeitern zu erreichen.
- Herr ... führte geradlinig und konsequent und war in der Lage, Mitarbeiter sachgerecht anzuleiten.
- Herr ... praktizierte einen kooperativen Führungsstil und war in der Lage, seine Mitarbeiter anzuleiten und verantwortlich zu führen.
- Herr ... motivierte seine Mitarbeiter und erreichte so stets voll befriedigende Leistungen.
- Aufgrund seiner positiven Grundeinstellung konnte Herr ... Mitarbeiter erfolgreich motivieren.
- Herr ... war ein fürsorglicher Vorgesetzter. Er verstand es, die Leistungsfähigkeit seines Bereiches zu gewährleisten.
- Als Vorgesetzter besitzt Herr ... eine natürliche Autorität.

Bewertung mangelhaft

- Herr ... war stets ein guter Vorgesetzter. Er war bemüht, alle ihm unterstehenden Mitarbeiter in ein arbeitsfähiges Team zu integrieren.
- Herr ... koordinierte die Mitarbeiter und gab klare Anweisungen.
- Herr ... wurde von seinen Mitarbeitern als guter Vorgesetzter geschätzt.
- Herr ... war seinen Mitarbeitern jederzeit ein verständnisvoller Vorgesetzter.
- Herr ... wurde von seinen Mitarbeitern akzeptiert und setzte sich meist durch.
- Herr ... führte mit fester Hand.

- Gegenüber seinen Mitarbeitern bewies Herr … bei Konflikten Stehvermögen.
- Herr … verstand es, seinen Mitarbeitern die Unternehmensziele zu vermitteln und die Ziele mit seinen Mitarbeitern im Wesentlichen zu erreichen.
- Herr … pflegte einen modernen, auf Kooperation und Überzeugungskraft aufbauenden Führungsstil, mit dem er seine Mitarbeiter zur Bewältigung der wesentlichen Ziele motivierte.

6.9 Besondere Leistungen (Besonders erwähnen möchten wir …)

Arbeitszeugnisse mit der Note 1 und besser müssen über die bisher besprochenen Teile noch besondere Leistungen des Arbeitnehmers beinhalten. Auch bei anderen Benotungen können außergewöhnliche Leistungen gesondert aufgeführt werden. Solche Leistungen heben die Benotung in einem Teilbereich oder bei unternehmensweiter Bedeutung die Gesamtnote erheblich an.
Die Note des Arbeitszeugnisses drückt sich auf den ersten Blick in der Länge des Arbeitszeugnisses aus. Die Beschreibung der Tätigkeit ist sehr detailliert und vollständig. Die Bewertung enthält nicht nur die wichtigen Sätze aus dem Zeugniscode, sondern darüber hinaus zusätzliche Angaben und vielleicht auch ein paar persönliche Bemerkungen des Vorgesetzten über die Qualifikationen. Bei einem Beurteilungszeitraum von mehr als fünf Jahren sind in Top-Zeugnissen eindreiviertel bis zweieinhalb Seiten üblich. Bei Führungskräften mit mehr als 10 Beschäftigungsjahren können es bis zu vier Seiten werden.
Die Wertschätzung des Vorgesetzten und der Respekt vor der geleisteten Arbeit drücken sich in der Mühe aus, die man sich für das Zeugnis gemacht hat. Bei Beförderungen bietet es sich an, an dieser Stelle die Gründe dafür und den anschließenden Erfolg ausführlicher darzustellen.

Hier einige Beispiele für mögliche außergewöhnlich positive Beurteilungen:

Qualität

Herr … hat über viele Jahre hinweg die steigenden Qualitätsanforderungen unserer Kunden durch eine sorgfältige Produktion erfüllt und so unseren Ruf als zuverlässiger Lieferant gesichert und gestärkt.
Herr … erreichte mit einer Reihe sehr wirkungsvoller Maßnahmen eine Zertifizierung unseres Betriebes nach den Normen ISO 9001, 9002 und 9003.

Wirtschaftlichkeit

Durch verschiedene prämierte Maßnahmen gelang Herrn … eine beachtliche Senkung des Lagerwertes unseres Rohstofflagers. Dabei war die Versorgung der Produktion stets gewährleistet.

Produktionssteigerung

Herr … erreichte durch Einführung einer neuen, sehr systematischen Produktionsplanung und -steuerung eine hohe Maschinenauslastung und erzielte auf diese Weise eine deutliche Produktionssteigerung.

Wirtschaften

Herr … hat mit sehr großem Erfolg ein Investitionsprogramm im Umfang von … Euro realisiert, das neben der Kapazitätserweiterung in besonderem Maße der Rationalisierung und Qualitätsverbesserung diente. Ausdrücklich zu erwähnen ist sein Sinn für das wirtschaftlich Machbare.

Arbeitsweise

Herr … hat durch seine sehr sorgfältige Arbeitsweise den höchsten Auslastungsgrad der ihm zugeteilten Maschinen mit dem besten Qualitätsstandard in unserem Unternehmen in den letzten drei Jahren erzielt. Seine Arbeitsweise ist auch vorbildlich für unser Tochterunternehmen.

Verbesserungen

Durch eine kontinuierliche Verbesserung der Arbeitsabläufe erreichte er ohne zusätzliche Investitionen eine Kapazitätssteigerung von … Prozent.

Projektleitung

Herr … hat im Laufe der Jahre die vielfältigsten Projekte sehr erfolgreich geleitet. Durch sein zielgerichtetes und systematisches Vorgehen und durch seinen team- und dialogorientierten Führungsstil hat er es immer wieder erreicht, die Projekte mit großer Problemumsicht und hohem Innovationsgrad innerhalb der Kostenrahmen zeitplangerecht abzuschließen.

Reorganisation

Herr … reorganisierte die … Stelle innerhalb … und machte sie zu einem außerordentlich erfolgreichen Instrument unseres Unternehmens. Während dieser Zeit arbeitete Herr … zur Optimierung verschiedene Vorschläge aus, die mit sehr gutem Erfolg realisiert werden konnten.

Sachkritischer Mitarbeiter

Herr … ist ein im positiven Sinne sachkritischer Mitarbeiter, der für die Arbeitsabläufe und die Zusammenarbeit immer wieder sehr gute Verbesserungen vorschlug, die außerordentlich effizienzsteigernd eingeführt wurden.

Zertifizierung

Herr … hat durch eine Reihe von Maßnahmen die Zertifizierung unseres Unternehmens nach der Norm ISO 9001 erreicht. Wir verdanken Herrn … den derzeitigen hohen technischen Stand der Produkte unseres Unternehmens und unsere Spitzenstellung auf dem Markt.

Entwicklung

Herr … war die treibende Kraft bei vielen neuen Entwicklungen. Sein Weitblick und sein Durchsetzungsvermögen gegenüber allen Innovationswiderständen waren von großem Nutzen für das Unternehmen und haben maßgeblich zum Erhalt und zum Ausbau unserer wirtschaftlichen Position beigetragen.

Patente

Sein besonderes Verdienst liegt darin, die Entwicklungen im Bereich … erfolgreich vorangetrieben zu haben. Er besitzt hier mehrere Patente. Zu betonen ist in diesem Zusammenhang auch sein Sinn für das wirtschaftlich Machbare.

Neue Produkte

Unter der Federführung von Herrn … wurde unser heutiges Hauptprodukt … entwickelt, patentiert und Gewinn bringend im Markt eingeführt.

Handlungsvollmacht

In Anerkennung seiner beständig sehr guten Leistungen und Erfolge erteilten wir Herrn … am (Datum) Handlungsvollmacht für den (Bereich).

Prokura

Aufgrund seiner sehr guten Leistungen übertrugen wir Herrn … diese verantwortliche Position, in der er sich ebenfalls hervorragend bewährte. Daher übertrugen wir ihm am (Datum) Gesamtprokura/Prokura.

Sprachen

Herr … beherrscht die englische und die französische Sprache absolut verhandlungssicher. Darüber hinaus verfügt er über gute Kenntnisse der japanischen Sprache. In andere Kulturen, Wertesystemen und Mentalitäten denkt und fühlt er sich rasch ein. Er ist daher für Managementpositionen mit internationalem Bezug bestens geeignet.

Fachliche und persönliche Qualifikation

Aufgrund der fachlichen Qualifikation und Erfolge sowie der allgemeinen Persönlichkeitsvoraussetzungen haben wir Herrn … mit Wirkung vom (Datum) die Position des (Bezeichnung) im Geschäftsbereich (Bezeichnung) anvertraut, die er sehr erfolgreich ausfüllte.

Vertretung, Empfehlung für eine höhere Position

Während einer längeren Krankheit des (Bezeichnung) vertrat Herr … diesen engagiert, kompetent und in jeder Hinsicht vorbildlich. Er bewies so seine Eignung für eine weitere Beförderung.

Zusammenfassung einer Leistungssteigerung

Herr … hat erreicht/maßgeblich dazu beigetragen, dass das Unternehmen heute ein bedeutsames Profitcenter der Unternehmensgruppe ist.

Ausbildung

Herr … hat sich als Ausbildungsleiter sehr intensiv um seine Auszubildenden gekümmert und mit ihnen über Jahre hinweg sehr gute und gute Ergebnisse in der Abschlussprüfung erzielt.

Lehre

Herr … hat in seinem Ausbildungsjahrgang als Bester abgeschnitten.

Entlastung

Herr … hat wiederholt wichtige Sonderaufgaben übernommen und so die Geschäftsleitung äußerst wirksam entlastet.

Außergewöhnliche Steigerung der Bezüge

Aufgrund der sehr guten Leistungen und Erfolge von Herrn … erhöhten wir seine Vergütung in den letzten Jahren überdurchschnittlich.

Kostensenkung

Es gelang Herr … die Fertigungskosten im Bereich … beachtlich zu senken. Seine neuen Ideen haben wir auch erfolgreich in anderen Abteilungen eingeführt.

7 Die Giftliste

Es ist nicht zulässig, im Arbeitszeugnis versteckte Hinweise unterzubringen. Dennoch haben sich im Laufe der Zeit bestimmte Zeugnistexte und Geheimzeichen durchgesetzt. Diese Sätze und Zeichen sind nicht so ohne Weiteres zu entschlüsseln.

So ist zum Beispiel für die Beschreibung des Sozialverhaltens folgende Reihenfolge von Vorgesetzten und Mitarbeitern genau vorgeschrieben:

„Das Verhalten zu Vorgesetzten und Mitarbeitern war stets vorbildlich."

Werden zusätzlich noch Kunden und/oder Lieferanten erwähnt, werden sie vorangestellt oder als Letzte erwähnt, aber niemals zwischen die Vorgesetzten und Kollegen eingeschoben. Vertauscht man die Reihenfolge (Vorgesetzte, Kollegen oder Mitarbeiter) so kann dies darauf hindeuten, dass der Zeugnisinhaber sich besser mit den Kollegen als mit den Vorgesetzten verstanden hat. Wird einer der beiden weggelassen, so kann das auf massive Spannungen mit den nicht Genannten hinweisen.

Auch wenn einige Formulierungen aus Unkenntnis oder aus Versehen durchaus in bester Absicht ins Zeugnis gekommen sein mögen, so ist es doch immer besser, wenn sie erst gar nicht vorgefunden werden. Deshalb im Folgenden eine Aufzählung. Die Aufzählung ist so vollständig wie möglich. Es gibt davon noch Varianten, die aber bis auf wenige Worte gleich sind und auch die gleiche Bedeutung haben.

Ich möchte noch einmal darauf verweisen, dass diese speziellen Formulierungen eine versteckte Bedeutung haben können, nicht aber auch notwendig haben müssen. Es gibt viele Zeugnisaussteller, die sich mit diesen Formulierungen nicht auskennen und diese aus Unkenntnis in das Zeugnis schreiben. Für Sie ist es wichtig, das zu erkennen und dann mit dem Zeugnisaussteller zu sprechen, um diese Sätze abändern zu lassen (siehe auch Kap. 3.1 Fehlerquellen).

7.1 Spezialsätze

Zeugnistext	Kann interpretiert werden als
Er war sehr tüchtig und wusste sich gut zu verkaufen.	Er war ein unangenehmer und rechthaberischer Wichtigtuer.
Er hat alle Arbeiten ordnungsgemäß/pflichtbewusst/ordentlich erledigt.	Er war ein Bürokrat ohne Eigeninitiative.
Im Umgang mit Kollegen und Vorgesetzten zeigte er eine erfrischende Offenheit.	Er ist vorlaut und mit einem Selbstbewusstsein ausgestattet, das seinen Leistungen nicht entspricht.
Wir lernten ihn als umgänglichen Kollegen kennen.	Viele Mitarbeiter sahen ihn lieber von hinten als von vorne.
Seine Auffassungen wusste er intensiv zu vertreten.	Übersteigertes Selbstbewusstsein
Das Verhalten von Herrn … gegenüber Mitarbeitern und Vorgesetzten war stets einwandfrei.	Er hatte zu seinen Mitarbeitern ein weit besseres Verhältnis als zu seinen Vorgesetzten. (Dies soll dadurch zum Ausdruck kommen, dass die übliche Reihenfolge, an erster Stelle den Vorgesetzten und erst an zweiter Stelle das Verhältnis zu Kollegen zu nennen, durchbrochen wird.)
Herr … zeichnete sich insbesondere dadurch aus, dass er viele Verbesserungsvorschläge zur Arbeitsvereinfachung / Erleichterung machte.	Da der Zusatz fehlt, „… die auch von uns übernommen wurden“, kann dies darauf hinweisen, dass die Vorschläge zur eigenen Erleichterung oder im Interesse eigener

	Bequemlichkeit gemacht wurden und es sich um einen besserwisserischen Arbeitnehmer handelt.
Herr ... war wegen seiner Pünktlichkeit stets ein gutes Vorbild.	Durch die Betonung der selbstverständlichen Pünktlichkeit wird zum Ausdruck gebracht, dass die Arbeitsleistungen und der Arbeitserfolg gering waren.
Herr ... hat Engagement für Arbeitnehmerinteressen außerhalb des Betriebs gezeigt.	Hinweis auf Streikteilnahme.
Herr ... hat alle Arbeiten ordnungsgemäß erledigt.	Er ist ein Bürokrat, der keine Initiative entwickelt.
Im Kollegenkreis galt er als toleranter Mitarbeiter.	Für Vorgesetzte war er ein schwerer Brocken.
Alle Arbeiten wurden mit großem Fleiß und Interesse erledigt.	Zwar eifrig, aber nicht besonders tüchtig.
Herr ... hat sich im Rahmen seiner Fähigkeiten eingesetzt.	Er hat getan, was er konnte, das war jedoch nicht viel.
Herr ... war mit Interesse bei der Sache.	Er hat sich angestrengt, aber nichts geleistet.
Er war sehr tüchtig und in der Lage, seine eigene Meinung zu vertreten.	Er hat eine hohe Meinung von sich und vermag hiervon ausgehend sachliche Kritik nicht zu akzeptieren.
Herr ... zeigte für die Arbeit Verständnis.	Er war faul und hat nichts geleistet.

Er hat sich mit großem Eifer an diese Aufgabe herangemacht und war dabei erfolgreich.	Die Leistungen waren dennoch mangelhaft.
Mit seinen Vorgesetzten ist er gut zurechtgekommen.	Ein Mitläufer, der sich gut zu verkaufen weiß.
Er war sehr tüchtig und wusste sich gut zu verkaufen.	Sehr unangenehmer und überheblicher Mitarbeiter.
Er verfügt über Fachwissen und hat ein gesundes Selbstvertrauen.	Geringes Fachwissen, das er mit großer Klappe zu übertünchen sucht.
Er war Neuem gegenüber stets aufgeschlossen.	Aber nicht, um es zu integrieren und zu verarbeiten.
Er verstand es, die Aufgaben mit Erfolg zu delegieren, und setzte sich für die Förderung der Mitarbeiter ein.	Hat kaum selbst gearbeitet und Mitarbeiter durch Gehaltserhöhungen von Kritik an seiner Person abgehalten.
Wir bestätigen gerne, dass Herr … mit Fleiß, Ehrlichkeit und Pünktlichkeit an seine Aufgaben herangegangen ist.	Aber ohne fachliche Qualifikation.
Vorgesetzten und Mitarbeitern gegenüber war er durch seine aufrichtige und anständige Gesinnung ein angenehmer Mitarbeiter.	Aber nicht durch seine Tüchtigkeit.
Er ist ein anspruchsvoller und kritischer Mitarbeiter.	Er ist sehr eigensüchtig, pocht anderen gegenüber auf seine Rechte und nörgelt gerne.
Allen Aufgaben hat er sich mit Begeisterung gewidmet.	Aber ohne Erfolg.

Er hat an allen ihm gestellten Aufgaben mit großem Fleiß gearbeitet.	Aber ohne Erfolg.
Die ihm gemäßen Aufgaben ...	Anspruchslose Aufgaben.
Wir bescheinigen ihm gerne, dass er sich den ihm übertragenen Aufgaben mit Eifer gewidmet hat. Er hat unserer Organisation reges Interesse entgegengebracht.	Geleistet hat er jedoch nichts.
Er war immer/stets mit Interesse bei der Sache.	Er hat versagt.
Neue Aufgaben betrachtete er als eine Herausforderung, der er sich mutig stellte.	Er hat versagt.
Die Aufgaben, die wir ihm übertrugen/die ihm übertragenen Aufgaben hat er zu unserer Zufriedenheit erledigt.	Sonst hat er allerdings keine Aufgaben zu unserer Zufriedenheit erledigt = unselbstständig, ohne Eigeninitiative.
Er hat sich mit großem Eifer an diese Aufgabe(n) herangemacht und war erfolgreich dabei.	Dennoch waren die Leistungen mangelhaft.
Er hat sich mit ganzer Kraft eingesetzt und damit/dabei bewiesen, dass er ein guter ... sein kann.	Sein kann; aber normalerweise nicht ist.
Er hat den Erwartungen entsprochen.	Er hat durchgehend schlechte Leistungen gezeigt.
Er zeigte sich den Belastungen gewachsen.	Er ist nur in ausreichendem Maße mit den Belastungen fertig geworden.

Er ist ein zuverlässiger/gewissenhafter Mitarbeiter.	Er ist stets zur Stelle, wenn er gebraucht wird – allerdings ist er nicht immer brauchbar.
Er war seinen Mitarbeitern jederzeit ein verständnisvoller Vorgesetzter.	Leider war sein Führungsstil ohne Autorität und Durchsetzungskraft.
Er hat es stets verstanden, seine Interessen in der Firma durchzusetzen.	Er war ein unbequemer und kompromissloser Mitarbeiter.
Er koordinierte die Arbeit seiner Mitarbeiter und gab klare Anweisungen.	Dies sind Selbstverständlichkeiten. Ohne hervorhebende und uneingeschränkte Zusätze („*verstand es blendend, zu koordinieren*“, „*gab stets klare und präzise Anweisungen*“) ist die Beurteilung mangelhaft.
Seine umfangreiche Bildung machte ihn stets zu einem gesuchten Gesprächspartner.	Er war geschwätzig und führte lange Privatgespräche.
Er arbeitete mit größter / der größten Genauigkeit.	Ihm fehlten Schnelligkeit und Flexibilität und er war pedantisch.
Sein Verhalten zu den Mitarbeitern war stets einwandfrei.	Ist ansonsten nicht das Gleiche vom Verhalten gegenüber Vorgesetzten gesagt worden, war sein Verhalten dieser Gruppe gegenüber nicht einwandfrei.

Er ist immer gut mit seinen Vorgesetzten ausgekommen/zurechtgekommen.	Er war unauffällig, ohne Durchsetzungsvermögen und eigene Meinung – schwache Persönlichkeit.
Gegenüber seinen/ihren Mitarbeitern/innen bewies er/sie immer umfassendes Einfühlungsvermögen.	Er/sie war homosexuell/lesbisch.
Für die Belange der Belegschaft bewies er stets Einfühlungsvermögen.	Er war ständig auf der Suche nach Sexualkontakten.
Unsere besten Wünsche begleiten ihn. *Wir wünschen ihm für die Zukunft alles nur erdenklich Gute.* *Wir wünschen ihm alles Gute, vor allem Gesundheit.*	Ironisch gemeinte Schlussformeln, die auf arbeitgeberseitige (fristlose) Kündigung hindeuten.
Für seine Mitarbeit bedanken wir uns.	Ironisierende Umstellung der üblichen Formel „wir bedanken uns für …“ = gut, dass er weg ist.
Wir wünschen ihm für seinen weiteren Weg in einem anderen Unternehmen viel Erfolg.	Möge er woanders erfolgreich sein, bei uns war er es nicht.
Wir wünschen ihm viel Glück.	Glück braucht man beim Lottospiel, bei Ihrer nächsten Arbeit wünschen wir Ihnen Erfolg und nicht Glück.

7.2 Geheime Zeichen

Geheime Zeichen sind in Arbeitszeugnissen sehr selten. Durchschnittlich finden wir mögliche Zeichen bei einem von etwa fünfhundert Arbeitszeugnissen (geschätzt). Da im Vorstellungsgespräch Gelegenheit besteht, die Betroffenen gleich nach Zugehörigkeit zu Organisationen und Gewerkschaften selbst zu fragen, identifizieren wir ein ernst gemeintes Zeichen bei ca. zweitausend Arbeitszeugnissen.
Geheime Zeichen sind nach unserer Rechtsprechung nicht zulässig. Sie können und sollten auf der Entfernung dieser Zeichen bestehen. In der Regel sind es tatsächliche Ausrutscher und man wird gerne Ihrem Wunsch nach Beseitigung nachkommen.

´ oder ` oder , oder ‘ oder , (scheinbare Ausrutscher links neben der Unterschrift)	Der Arbeitnehmer ist Mitglied einer linksgerichteten Organisation
´ oder ` oder , oder ‘ oder , (scheinbare Ausrutscher rechts neben der Unterschrift)	Der Arbeitnehmer ist Mitglied einer rechtsgerichteten Organisation
| oder I (senkrecht verlaufender Strich links von der Unterschrift)	Der Arbeitnehmer ist Mitglied einer Gewerkschaft
Unterstrichene Telefonnummer	Signalisiert, dass bei einem Rückruf weitere Details über den Bewerber zu erfahren sind
Ausrufezeichen, Anführungszeichen und Unterstreichungen im Zeugnistext	Können mit dem Ziel eingesetzt sein, die wörtliche(n) Aussage(n) in ihr Gegenteil zu verkehren

Wird in einem Zeugnis die Tätigkeit des Arbeitnehmers als „Stellvertretender Geschäftsführer“ oder „Erster Verkäufer“ angegeben, besagen die Anführungsstriche möglicherweise, dass sich der Arbeitnehmer zwar als solcher aufführte, ihm eine solche Position aber tatsächlich nicht zustand. Die scheinbar positive Aussage erhält durch die Anführungsstriche nicht nur einen ironischen Beigeschmack, sondern schlichtweg eine negative Bedeutung. Entsprechendes gilt, wenn einer Verkäuferin attestiert wird: „Frau Müller ist eine überdurchschnittliche Verkäuferin und hat auch gute Verkaufserfolge erzielt!“ Hier würden die guten Verkaufserfolge durch das Ausrufezeichen ins Gegenteil verkehrt.

Entsprechend dieser Interpretation war vom Arbeitsgericht Bochum zu der Formulierung „Führung und Leistung von Frau L. waren ausreichend!“ entschieden worden, dass das Ausrufezeichen die Bewertung zweifelhaft erscheinen lasse, da an dieser Stelle nach den Regeln der Interpunktion kein Ausrufezeichen zu setzen sei und dementsprechend nicht erwartet werde.

Auf den Punkt gebracht:

- Das Problem ist die Vorschrift, Arbeitnehmer im Zeugnis wohlwollend zu beurteilen, andererseits aber eine wahrheitsgemäße Aussage über viele Beurteilungskriterien hinweg zu tätigen.
- Über Jahrzehnte haben sich bestimmte Formulierungen durchgesetzt, die einerseits wohlwollend klingen, andererseits aber eine negative Beurteilung beinhalten.
- Um das auszudrücken, müssen diese Sätze oder Zeichen den Personalern bekannt sein und, um genau diesen Effekt zu erzielen und nicht missverstanden zu werden, buchstabengenau sein.
- Darin liegt aber auch für Sie der Vorteil, dass Sie diese Formulierungen identifizieren und entschlüsseln können.
- Geheime Sätze oder Zeichen sind die absoluten Bewertungskiller. Sie verkehren Aussagen in ihr genaues Gegenteil.

8 Schluss-formulierungen

Schlussformel bei eigener Kündigung

Note sehr gut

- Herr ... verlässt uns auf eigenen Wunsch. Wir bedanken uns für die stets sehr gute Mitarbeit, bedauern einen so guten Mitarbeiter zu verlieren und wünschen ihm alles Gute für die Zukunft.
- Wir danken Herrn ... für die stets gute Zusammenarbeit und bedauern sehr, ihn zu verlieren. Zugleich haben wir Verständnis dafür, dass er die ihm gebotene Chance ... nutzt. Wir wünschen ihm für die Zukunft alles Gute.
- Herr ... verlässt uns auf eigenen Wunsch. Wir bedanken uns für die Mitarbeit, bedauern einen so guten Mitarbeiter zu verlieren und wünschen ihm für die Zukunft weiterhin viel Erfolg.
- Herr ... scheidet aufgrund eines Wohnortwechsels auf eigenen Wunsch bei uns aus. Wir bedanken uns für die stets sehr gute Zusammenarbeit und bedauern sehr, ihn zu verlieren. Wir wünschen für die Zukunft weiterhin viel Erfolg und alles Gute.
- Herr ... verlässt uns auf eigenen Wunsch, um sich selbstständig zu machen. Wir bedanken uns für die stets sehr gute Zusammenarbeit und bedauern sehr, ihn zu verlieren.
- Herr ... scheidet mit heutigem Tag auf eigenen Wunsch aus unserem Unternehmen aus. Wir bedauern seine Entscheidung sehr, da wir einen wertvollen Mitarbeiter verlieren. Wir danken ihm für seine Mitwirkung in unserem Unternehmen und wünschen ihm weiterhin viel Erfolg und persönlich alles Gute.
- Herr ... verlässt uns auf eigenen Wunsch. Wir danken ihm für seine stets sehr guten Leistungen und bedauern

sein Ausscheiden sehr und wünschen für die Zukunft weiterhin viel Erfolg und alles Gute.

- Herr … verlässt uns auf eigenen Wunsch. Wir verlieren mit Herrn … einen sehr tüchtigen Leistungsträger, was wir sehr bedauern. Wir danken für die sehr gute Zusammenarbeit und wünschen für die Zukunft weiterhin viel Erfolg und alles Gute.
- Herr … verlässt uns auf eigenen Wunsch. Wir danken Herrn … für seine stets hohen Leistungen und bedauern den Verlust dieses wertvollen Mitarbeiters. Wir wünschen für die Zukunft weiterhin viel Erfolg und alles Gute.

Note gut

- Herr … verlässt uns auf eigenen Wunsch. Wir bedauern es sehr, ihn zu verlieren, und danken für die stets gute Mitarbeit. Wir wünschen für die Zukunft weiterhin viel Erfolg und alles Gute.
- Herr … verlässt uns auf eigenen Wunsch. Wir danken für die langjährige wertvolle Zusammenarbeit und bedauern es, diesen guten Mitarbeiter zu verlieren. Wir wünschen für die Zukunft weiterhin viel Erfolg und alles Gute.
- Herr … verlässt uns auf eigenen Wunsch. Wir danken ihm für die produktive Arbeit und bedauern sein Ausscheiden sehr. Wir wünschen für die Zukunft weiterhin viel Erfolg und alles Gute.
- Herr … verlässt uns auf eigenen Wunsch. Wir danken ihm für die stets produktive Zusammenarbeit und bedauern außerordentlich ihn zu verlieren. Wir wünschen für die Zukunft weiterhin viel Erfolg und alles Gute.
- Herr … verlässt uns auf eigenen Wunsch. Wir danken ihm für seine stets guten Leistungen und bedauern sein Ausscheiden sehr. Wir wünschen für die Zukunft weiterhin viel Erfolg und alles Gute.
- Herr … scheidet auf eigenen Wunsch mit dem heutigen Tag aus unserem Unternehmen aus. Wir bedauern seine

Entscheidung, danken ihm für seine gute Arbeit und wünschen ihm weiterhin viel Erfolg und persönlich alles Gute.

Note befriedigend

- Herr ... verlässt uns auf eigenen Wunsch. Wir danken Herrn ... für die Mitarbeit und bedauern es, ihn zu verlieren.
- Herr ... verlässt uns auf eigenen Wunsch. Wir wünschen ihm auf dem weiteren Lebens- und Berufsweg alles Gute.
- Herr ... scheidet auf eigenen Wunsch bei uns aus. Wir danken ihm für die Arbeit und wünschen ihm alles Gute für die Zukunft.
- Herr ... scheidet auf eigenen Wunsch mit dem heutigen Tag aus unserem Unternehmen aus. Wir danken ihm für seine Arbeit und wünschen ihm für die Zukunft alles Gute.

Note ausreichend

- Herr ... verlässt uns auf eigenen Wunsch. Wir waren mit Herrn ... zufrieden und wünschen alles Gute.
- Herr ... scheidet mit dem heutigen Tag auf eigenen Wunsch aus unserem Unternehmen aus. Wir wünschen ihm für die Zukunft alles Gute.
- Herr ... scheidet mit dem heutigen Tag auf eigenen Wunsch aus unserem Unternehmen aus. Wir wünschen ihm für die Zukunft viel Erfolg.
- Herr ... verlässt uns auf eigenen Wunsch. Wir wünschen ihm auf dem weiteren Lebens- und Berufsweg alles Gute.
- Herr ... verlässt uns auf eigenen Wunsch. Wir wünschen Herrn ... für die Zukunft alles Gute.
- Herr ... verlässt uns auf eigenen Wunsch. Wir waren mit Herrn ... zufrieden, danken für die Mitarbeit und wünschen ihm alles Gute.

Note mangelhaft

- Herr ... scheidet mit dem heutigen Tag auf eigenen Wunsch aus unserem Unternehmen aus. Wir wünschen ihm für die Zukunft viel Erfolg.
- Herr ... verlässt uns auf eigenen Wunsch. Wir wünschen und hoffen mit ihm, dass er auf seinem weiteren Lebens- und Berufsweg viel Erfolg haben wird.
- Herr ... verlässt uns auf eigenen Wunsch. Unsere Wünsche begleiten Herrn ... auf seinem weiteren Lebensweg.
- Herr ... verlässt uns auf eigenen Wunsch. Für sein stetes Streben nach einer guten Leistung bedanken wir uns.
- Herr ... verlässt uns auf eigenen Wunsch. Herr ... hat sich bei uns engagiert, wofür wir uns bedanken.

Schlussformel bei Kündigung durch Arbeitgeber

Note sehr gut

- Aus betriebsbedingten Gründen endet das Arbeitsverhältnis mit dem heutigen Tage. Wir bedauern diese Entwicklung sehr, da wir mit Herrn ... einen ausgezeichneten Mitarbeiter verlieren. Wir danken ihm für seine sehr erfolgreiche Arbeit und wünschen ihm für die Zukunft weiterhin viel Erfolg und persönlich alles Gute.
- Aus betriebsbedingten Gründen endet das Arbeitsverhältnis mit dem heutigen Tage im besten Einvernehmen. Wir bedauern diese Entwicklung sehr, da wir mit Herrn ... einen sehr guten Mitarbeiter verlieren. Wir danken ihm für seine sehr erfolgreiche Arbeit und wünschen ihm für die Zukunft weiterhin viel Erfolg und persönlich alles Gute.
- Aus betriebsbedingten Gründen endet das Arbeitsverhältnis im besten Einvernehmen mit dem heutigen Tage. Wir bedauern diese Entwicklung sehr, da wir mit Herrn ... einen sehr guten Mitarbeiter verlieren. Wir danken

ihm für seine sehr erfolgreiche Arbeit und wünschen ihm für die Zukunft weiterhin viel Erfolg und persönlich alles Gute.

Note gut

- Aus betriebsbedingten Gründen wurde das Arbeitsverhältnis mit dem heutigen Tage beendet. Wir bedauern diese Entwicklung sehr, da wir mit Herrn … einen guten Mitarbeiter verlieren. Wir danken ihm für seine erfolgreiche Arbeit und wünschen ihm für die Zukunft weiterhin Erfolg und persönlich alles Gute.
- Das Arbeitsverhältnis wird mit dem heutigen Tage im besten Einvernehmen beendet. Wir bedauern diese Entwicklung sehr, da wir mit Herrn … einen guten Mitarbeiter verlieren. Wir danken ihm für seine erfolgreiche Arbeit und wünschen ihm für die Zukunft weiterhin Erfolg und persönlich alles Gute.
- Das Arbeitsverhältnis wurde mit dem heutigen Tage im besten Einvernehmen beendet. Der Grund ist keineswegs durch seine Person begründet. Wir bedauern diese Entwicklung sehr, da wir mit Herrn … einen guten Mitarbeiter verlieren. Wir danken ihm für seine erfolgreiche Arbeit und wünschen ihm für die Zukunft weiterhin Erfolg und persönlich alles Gute.

Note befriedigend

- Herr … scheidet mit dem heutigen Tage aus betriebsbedingten Gründen aus unserem Unternehmen aus. Wir danken ihm für seine stets erfolgreiche Arbeit und wünschen ihm für die Zukunft privat alles Gute und beruflich weiterhin viel Erfolg.
- Herr … scheidet mit dem heutigen Tage aus betriebsbedingten Gründen aus unserem Betrieb aus. Wir danken ihm für seine geleistete Arbeit und wünschen ihm alles Gute für die Zukunft.

- Das Arbeitsverhältnis endete am heutigen Tage aus betriebsbedingten Gründen. Wir danken Herrn … für seine Leistung und wünschen ihm alles Gute.
- Herr … scheidet mit dem heutigen Tage aus unserem Unternehmen aus. Wir danken ihm für seine Arbeit und wünschen ihm für die Zukunft alles Gute. (Kündigung durch Arbeitgeber oder eigene Kündigung wurde nahegelegt)
- Herr … scheidet mit dem heutigen Tage aus unserem Betrieb aus. Wir danken ihm für seine Mitarbeit. (Kündigung durch Arbeitgeber oder eigene Kündigung wurde nahegelegt)

Note ausreichend

- Herr … scheidet mit dem heutigen Tage aus unserem Unternehmen aus. Wir wünschen ihm für die Zukunft alles Gute.
- Herr … scheidet mit dem heutigen Tage aus unserem Betrieb aus. Wir hoffen, dass Herr … entsprechend seiner Qualifikation eine entsprechende Stelle findet.

Note mangelhaft

- Herr … scheidet mit dem heutigen Tage aus unserem Unternehmen aus. Wir wünschen ihm für die Zukunft viel Glück.
- Das Arbeitsverhältnis endet im gegenseitigen Einvernehmen zum heutigen Tag. Wir wünschen ihm alles Gute.
- Herr … scheidet mit dem heutigen Tage in gegenseitigem Einvernehmen aus unserem Unternehmen aus. Wir wünschen ihm für die Zukunft alles Gute.
- Herr … scheidet mit dem heutigen Tage aus unserem Unternehmen aus. Das Arbeitsverhältnis endet zum heutigen Tage gem. Paragraph 626 BGB.
- Das Arbeitsverhältnis endet gem. Paragraph 626 BGB mit dem heutigen Tage.

Schlussformel bei betriebsbedingter Kündigung durch Arbeitgeber

Note sehr gut

- Das Arbeitsverhältnis endet aus innerbetrieblichen Gründen zum heutigen Tage. Wir bedanken uns für die stets sehr guten Leistungen und wünschen Herrn … für die Zukunft weiterhin viel Erfolg und persönlich alles Gute.
- Die betriebsbedingte Beendigung des Arbeitsverhältnisses bedauern wir und danken Herrn … für seine stets sehr guten Leistungen. Wir wünschen ihm für seine berufliche und private Zukunft alles Gute und weiterhin viel Erfolg.

Note gut

- Das Arbeitsverhältnis endet betriebsbedingt zum heutigen Tage. Wir bedanken uns für die sehr guten Leistungen und wünschen Herrn … für die Zukunft alles Gute.
- Die betriebsbedingte Kündigung bedauern wir sehr. Wir danken Herrn … für seine stets guten Leistungen und wünschen ihm für seine berufliche und private Zukunft alles Gute und weiterhin viel Erfolg.

Note befriedigend

- Das Arbeitsverhältnis endet betriebsbedingt zum heutigen Tage. Wir bedanken uns für die Leistungen und wünschen Herrn … für die Zukunft alles Gute.
- Die betriebsbedingte Kündigung bedauern wir sehr. Wir danken Herrn … für seine Leistungen und wünschen ihm für seine berufliche und private Zukunft alles Gute und viel Erfolg.

Note ausreichend

- Das Arbeitsverhältnis endet betriebsbedingt zum heutigen Tage. Wir bedanken uns für die geleistete Arbeit und wünschen Herrn … für die Zukunft alles Gute.
- Die betriebsbedingte Kündigung bedauern wir sehr. Wir danken Herrn … für seine geleistete Arbeit und wünschen ihm für seine berufliche und private Zukunft alles Gute und viel Erfolg.

Note mangelhaft

- Das Arbeitsverhältnis endet betriebsbedingt zum heutigen Tage. Wir bedanken uns für die Arbeitsbereitschaft und wünschen Herrn … für die Zukunft alles Gute und vor allem Erfolg.
- Das Arbeitsverhältnis endet betriebsbedingt zum heutigen Tage. Unseren Dank wollen wir Herrn … an dieser Stelle nicht versagen und wünschen ihm an dieser Stelle alles Gute.

Schlussformel bei befristetem Vertrag

Note sehr gut

- Das Arbeitsverhältnis endet gem. Arbeitsvertrag zum heutigen Tage. Wir bedauern, dass wir Herrn … keinen weiteren Arbeitsvertrag anbieten können. Wir bedanken uns für die stets sehr guten Leistungen und wünschen Herrn … für die Zukunft alles Gute.
- Wir danken Herrn … für seine stets sehr guten Leistungen und wünschen ihm für seine berufliche und private Zukunft alles Gute und weiterhin viel Erfolg.
- Das befristete Arbeitsverhältnis endet mit Ablauf der vereinbarten Dauer. Wir bedauern, dass wir Herrn … aus betriebsbedingten Gründen keine Verlängerung des

Arbeitsverhältnisses anbieten können. Wir bedanken uns für die stets sehr guten Leistungen und wünschen Herrn … alles Gute.

Note gut

- Das Arbeitsverhältnis endet gem. Arbeitsvertrag zum heutigen Tage. Wir bedauern, dass wir Herrn … aus betriebsbedingten Gründen keine Verlängerung des Arbeitsverhältnisses anbieten können. Wir bedanken uns für die sehr guten Leistungen und wünschen Herrn … für die Zukunft alles Gute.
- Wir danken Herrn … für seine stets guten Leistungen und wünschen ihm für seine berufliche und private Zukunft alles Gute und weiterhin viel Erfolg.
- Das befristete Arbeitsverhältnis endet mit Ablauf der vereinbarten Dauer. Wir bedanken uns für die stets guten Leistungen und wünschen Herrn … alles Gute.

Note befriedigend

- Das Arbeitsverhältnis endet gem. Arbeitsvertrag zum heutigen Tage. Wir bedanken uns für die Leistungen und wünschen Herrn … für die Zukunft privat alles Gute und beruflich weiterhin Erfolg.
- Wir danken Herrn … für seine Leistungen und wünschen ihm für seine berufliche und private Zukunft alles Gute und viel Erfolg.
- Das befristete Arbeitsverhältnis endet mit Ablauf der vereinbarten Dauer. Wir bedanken uns für die guten Leistungen und wünschen Herrn … alles Gute.

Note ausreichend

- Das Arbeitsverhältnis endet gem. Arbeitsvertrag zum heutigen Tage. Wir bedanken uns für die geleistete Arbeit und wünschen Herrn … für die Zukunft alles Gute.

- Wir danken Herrn ... für seine geleistete Arbeit und wünschen ihm für seine berufliche und private Zukunft alles Gute und viel Erfolg.
- Das befristete Arbeitsverhältnis endet mit Ablauf der vereinbarten Dauer. Wir bedanken uns für die Leistungen und wünschen Herrn ... alles Gute.

Note mangelhaft

- Das Arbeitsverhältnis endet gem. Arbeitsvertrag zum heutigen Tage. Wir bedanken uns für die Arbeitsbereitschaft und wünschen Herrn ... für die Zukunft alles Gute und vor allem Erfolg.
- Das Arbeitsverhältnis endet zum heutigen Tage. Unseren Dank wollen wir Herrn ... an dieser Stelle nicht versagen und wünschen ihm an dieser Stelle alles Gute.
- Das befristete Arbeitsverhältnis endet mit Ablauf der vereinbarten Dauer. Wir bedanken uns für die Leistungsbereitschaft und wünschen Herrn ... alles Gute.

Schlussformel beim Zwischenzeugnis

Note sehr gut

- Wir hoffen und wünschen, dass Herr ... unser Unternehmen auch in Zukunft bereichern wird, und danken ihm für seine stets vorbildliche Leistung.
- Wir hoffen auf eine weiterhin sehr gute Zusammenarbeit und bedanken uns für die stets sehr guten Leistungen.
- Dem Wunsch nach einem Zwischenzeugnis sind wir gerne nachgekommen. Wir wünschen uns auch zukünftig die Fortsetzung dieser stets sehr guten Zusammenarbeit.

Note gut

- Wir hoffen und wünschen, dass Herr ... unser Unternehmen auch in Zukunft bereichern wird, und danken ihm für seine stets gute Leistung.

- Wir hoffen auf eine weiterhin sehr gute Zusammenarbeit und bedanken uns für die stets guten Leistungen.
- Wir danken Herrn … für seine stets guten Leistungen.

Note befriedigend

- Wir hoffen und wünschen, dass Herr … unser Unternehmen auch in Zukunft bereichern wird, und danken ihm für seine Leistung.
- Wir bedanken uns für die guten Leistungen und wünschen Herrn … auch in der Zukunft viel Erfolg.
- Wir danken Herrn … für seine gute Leistung.

Note ausreichend

- Wir hoffen, dass Herr … unser Unternehmen auch in Zukunft bereichern wird, und danken ihm für seine Arbeitsbereitschaft.
- Wir bedanken uns für die Arbeitsbereitschaft und wünschen Herrn … für die Zukunft viel Erfolg.
- Wir bedanken uns bei Herrn … für seine Mitarbeit.

Note mangelhaft

- Wir wünschen Herrn … in unserem Unternehmen viel Erfolg und danken ihm für seine bisherige Arbeitsbereitschaft.
- Wir bedanken uns für die Arbeitsbereitschaft und wünschen Herrn … für die Zukunft Erfolg.
- Wir bedanken uns für sein stetes Streben nach einer guten Leistung.

Auf den Punkt gebracht:

- Schlussformulierungen fassen die einzelnen Noten im Zeugnis noch einmal zu einer Gesamtnote zusammen.
- Die Schlussformulierung beginnt mit dem Grund für die Kündigung:
  - betriebsbedingt
  - durch den Arbeitnehmer
  - befristeter Arbeitvertrag, Ende der Ausbildung

  Das Fehlen eines Grundes bedeutet verhaltensbedingte Kündigung durch den Arbeitgeber.
- Der Dank des Arbeitgebers für die geleistete Arbeit ist mehr als eine Höflichkeitsfloskel. Fehlt diese, sind wir schon bei einer Benotung 4 und schlechter.
- Das Bedauern über den Verlust eines guten Mitarbeiters sollte nicht fehlen, wenn man eine Note 2,5 und besser haben möchte.
- Die Wünsche für die Zukunft können in einer Note zusammengefasst werden: „ … wünschen für die Zukunft alles Gute“, oder werden nach Erfolg und Sozialem getrennt:
  - *„ … wünschen für die Zukunft Erfolg“* – grundsätzlich notwendig, die Wertung erfolgt durch die Zusätze wie *„weiterhin“*, *„viel“* usw.
  - *„ … wünschen für die Zukunft persönlich alles Gute“* – zeigt, dass man sich gut verstanden hat und sich in Frieden trennt. Dabei auch hier: Wichtig für eine Benotung sind die Zusätze.

9 Gefälschte Zeugnisse, selbst geschriebene Zeugnisse

In zunehmendem Maße treffen wir heute auf gefälschte Zeugnisse. Die Computertechnik lässt grüßen. Es ist einfacher geworden, Zeugnisse zu scannen, durch ein Spracherkennungsprogramm laufen zu lassen und dann einfach im Programm Word abzuändern. Oder man schreibt das Zeugnis vollständig neu und wenn man kein leeres Briefpapier des Unternehmens hat, besorgt man sich Schriften und Logo aus der Internetdarstellung des Unternehmens oder per Scanner von einem Brief. Optisch sind diese Zeugnisse heute einwandfrei.

Noch vor wenigen Jahren konnte man einfache Änderungen oft am verrutschten Kopierbild oder am Tipp Ex erkennen. Personaler entdecken sicherlich nicht alle, aber sicherlich mehr als drei Viertel der gefälschten Zeugnisse. Auch wenn die optische Form einwandfrei ist, so gelingt es den wenigsten, in der Formulierung perfekt zu sein. Sehr oft findet man gefälschte Zeugnisse, in denen der Fälscher sich aus Versehen eine schlechte Note gegeben hat.

Die Zeugnissprache ist eine lebende Sprache mit eigenen Vokabeln und eigener Grammatik. Man sollte nicht glauben, dass alleine die richtige Reihenfolge von Codeschnipseln untereinander geschrieben automatisch auch ein gutes Zeugnis ergibt.

Das beste Beispiel, dass dies nicht funktioniert, sind heute die Ergebnisse aus den Zeugnismaschinen. Mit diesen kleinen Programmen kann man sich Zeugnisse durch Anklicken der gewünschten Benotung zusammenpuzzeln. Es gibt einfache Maschinen, die man kostenlos im Internet nutzen kann (Vorsicht, Ihre Daten können vom Anbieter dieses Services gespeichert und ohne Ihr Wissen und ohne Ihre Zu-

stimmung verwendet werden), bis zu sehr aufwändigen Programmen für einige hundert Euro Kaufpreis.
Es ist wahr, dass Personalabteilungen zur Kosteneinsparung auch diese Zeugnismaschinen einsetzen.
Das Ergebnis ist in jedem Fall ein steriles Zeugnis, das nur Allgemeinplätze enthält und keine individuelle Beurteilung. Das Beispiel ist vergleichbar mit den Resultaten heutiger Übersetzungsmaschinen, die z.B. Übertragungen aus dem Englischen ins Deutsche generieren. Hier werden auch Vokabeln verglichen und mithilfe von formalisierten Grammatikregeln wird ein Übersetzungsversuch gestartet. Die Ergebnisse sind ohne gravierende Überarbeitung nicht verwertbar. Schauen Sie selbst:

Zunächst das Zeugnis für eine Pförtnerin:

Arbeitszeugnis

Frau Maria Müller, geboren am 01.04.1960 in Nürnberg, war vom 01.01.1998 bis zum 31.01.2003 in unserem Unternehmen als Pförtnerin tätig.

Frau Müller hat sich schnell und sicher in das Aufgabengebiet eingearbeitet und ihre Tätigkeiten selbstständig und gewissenhaft durchgeführt. Sie übertraf die Anforderungen der Stelle und unsere Erwartung in hohem Maße, sodass wir mit ihren Aufgaben stets voll zufrieden waren.

Frau Müller zeigte sich pflichtbewusst und gewissenhaft und war stets bereit, in großem Umfang Verantwortung zu übernehmen.

Ihr Verhalten gegenüber Vorgesetzten und Kollegen war einwandfrei.

Frau Müller verlässt uns auf eigenen Wunsch. Wir danken ihr für ihre stets guten Leistungen und bedauern ihr Ausscheiden sehr.

(Firmensitz), den 01.01.2003

(Firmenname)

Hier das Zeugnis für einen Buchhalter:

Arbeitszeugnis

Herr Karl Brachvogel, geboren am 03.05.1968 in Nürnberg, war vom 01.01.1995 bis zum 31.05.2003 in unserem Unternehmen als Buchhalter tätig.

Herr Brachvogel hat sich schnell und sicher in das Aufgabengebiet eingearbeitet und seine Tätigkeiten selbstständig und gewissenhaft durchgeführt. Er übertraf die Anforderungen der Stelle und unsere Erwartung in hohem Maße, sodass wir mit seinen Aufgaben stets voll zufrieden waren.

Herr Brachvogel zeigte sich pflichtbewusst und gewissenhaft und war stets bereit, in großem Umfang Verantwortung zu übernehmen.

Sein Verhalten gegenüber Vorgesetzten und Kollegen war einwandfrei.

Herr Brachvogel verlässt uns auf eigenen Wunsch. Wir danken ihm für seine stets guten Leistungen und bedauern sein Ausscheiden sehr.

(Firmensitz), den 01.05.2003

(Firmenname)

Haben Sie bemerkt, dass es sich in beiden Fällen um einen völlig identischen Zeugnistext handelt? Selbst wenn man vorher liest, um welche Position es sich jeweils handelt, glaubt man auf den ersten Blick, das Zeugnis richtig gelesen und verstanden zu haben. Für den geübten Zeugnisleser ist die Abfolge dieser austauschbaren Codeschnipsel dagegen völlig steril, weil auf ihrer Basis allein keine vernünftige und individuelle Leistungsaussage getroffen werden kann.

> Ein Personaler erkennt die immer wiederkehrenden Standardformulierungen des Zeugniscodes sofort und folgert, dass sich mit diesem Zeugnis keiner Mühe gegeben hat, und schließt daraus: Der Kandidat war es wohl auch nicht wert.

Mit einer Zeugnismaschine lässt sich lediglich das Rohgerüst eines Zeugnisses zusammenstellen. Dann aber kommt es auf die individuelle Bearbeitung an. Und genau das ist der Punkt, an dem man gefälschte Zeugnisse erkennt.

> Nur durch Änderungen und persönliche Zusätze bekommt das Arbeitszeugnis Leben und Aussagekraft!

Ich möchte auf diese Problematik nicht näher eingehen, da ich keine Gebrauchsanleitung zum Fälschen von Zeugnissen schreiben möchte und auch nicht alle Geheimnisse meiner Zunft ausplaudern kann. Vielmehr soll Ihnen dieses Buch helfen, ein Ihnen ausgestelltes Zeugnis zu entschlüsseln, um dann informiert in den Dialog mit dem Zeugnisautor treten zu können. Wenn Sie keine Änderungen durchsetzen können, haben Sie zumindest die Chance, sich auf entsprechende Fragen im nächsten Einstellungsgespräch vorzubereiten. Das Bewerbungsgespräch wird auch mithilfe der Arbeitszeugnisse vorbereitet. Sind diese gefälscht oder zu gut benotet, kommen spätestens jetzt die Unterschiede zwischen Arbeitszeugnis und Wirklichkeit heraus. Wer sich selbst zu positiv dargestellt hat, kommt spätestens jetzt in Erklärungsnot.

> Ein Zeugnis ist ein Dokument und wer Dokumente fälscht, macht sich strafbar. Wenn die Fälschung entdeckt wird, muss mit einer Anzeige gerechnet werden

Eine weitere Problematik tritt auf, wenn der Chef sagt: *„Schreiben Sie sich doch Ihr Zeugnis selbst."* Ohne perfekte Kenntnisse der Zeugnissprache laufen Sie Gefahr, etwas zu übersehen, und schon haben Sie sich ein Zeugnis mit einer schlechteren Note ausgestellt, als Sie es vorhatten.

Auch der Verdacht der Fälschung kann aufkommen. In solchen Fällen sollten Sie Ihren Zeugnisentwurf von einem Fachmann kontrollieren lassen. Das kostet zwischen 50 und 150 Euro. Aber bedenken Sie, dass ein Arbeitszeugnis Sie das ganze Leben lang begleitet und Sie es bei jeder neuen Bewerbung wieder vorlegen müssen. So gesehen ist dieses Geld gut angelegt.

Auf den Punkt gebracht:

- Personaler erkennen gefälschte Zeugnisse fast immer!
- Spätestens beim Vorstellungstermin zeigt sich der Unterschied zwischen Arbeitszeugnis und Wirklichkeit.
- Zeugnisse sind Dokumente. Dokumentenfälschung ist strafbar.
- Schreiben Sie sich Ihr Zeugnis nicht selbst, wenn Sie kein Profi sind. Wenn Sie es doch tun, lassen Sie in jedem Fall Ihren Entwurf von einem Fachmann kontrollieren.
- Der Aufwand dafür in Höhe von 50 bis 150 Euro lohnt sich immer, da ein Zeugnis Sie das ganze restliche Leben lang begleitet.
- Benutzen Sie Zeugnismaschinen höchstens zum Erstellen eines Zeugnisentwurfs. Das Ergebnis ist ein „steriles Zeugnis“, das Sie ohne Personalisierung nicht gebrauchen können.

10 Musterzeugnisse

Beispiel Einkäuferin, Zeugnis mit der Note 1+

Die Überschrift	Zeugnis
Die Einleitung	Frau Angela Moritz, geboren am 01.01.1960 in Hamburg, war vom 01.01.1996 bis zum 31.12.2003 in unserem Hause als Einkäuferin tätig.
Unternehmensdarstellung	Unser Unternehmen ist führend in ...
Tätigkeitsbeschreibung	Ihr Aufgabengebiet umfasste im Wesentlichen folgende Tätigkeiten: – Auswahl der Lieferanten und Abschließen der Lieferverträge, – Bearbeitung von Bestellungen, Lieferzeitanfragen und Reklamationen, – Klärung von technischen Problemen, – Übersetzungen von Anfragen in englischer Sprache und Weiterleitung an die technische Vertriebsunterstützung, – Angebotserstellung und eventuelle Übersetzung für unsere Vertretungen und Tochtergesellschaften, – Überwachung von Lieferterminen, Abstimmung mit dem Versand und Koordination der Transporte mit dem Ausland, – Bearbeiten von Rücklieferungen und Gutschriften. Zu den weiteren Aufgaben von Frau Moritz gehörte die Projektverfolgung mit unseren ausländischen Partnern. Zusätzlich war sie mit der Lösung von ablauforganisatorischen Problemen im Export beschäftigt. Im Rahmen der Kundenbetreuung

	gehörten gelegentliche Messebesuche ebenso zu ihrem Zuständigkeitsbereich wie Besuche bei unseren Partnern im Ausland.
Leistungsbeurteilung	
1. Fachkenntnisse	Frau Moritz nutzte Ihre umfassenden Fachkenntnisse außerordentlich erfolgreich.
2. Arbeitsleistung/ Leistungsbereitschaft	Sie zeigte stets Eigeninitiative und beeindruckte durch ihre große Einsatzbereitschaft.
3. Belastbarkeit/Leistungsfähigkeit	Frau Moritz war jederzeit bereit und fähig, neue Projekte für neue Produkte oder Kostensenkungsprogramme durch konstruktive Vorschläge zu unterstützen und bei deren Realisation den entscheidenden Beitrag zu leisten.
Besondere Leistung	Besonders hervorheben möchten wir das Projekt ... Durch ihren außerordentlichen Einsatz gelang es, die Zukaufteile so günstig zu erwerben, dass wir den Wettbewerb erheblich unterbieten konnten. Das hat maßgeblich zu den Unternehmensgewinnen seit 1998 bis heute beigetragen.
4. Arbeitsweise	Frau Moritz genoss stets das absolute Vertrauen der Geschäftsleitung und hatte daher Zugang zu allen geschäftspolitischen Daten des Unternehmens.
5. Arbeitserfolg	Sie leistete auch unter Termindruck und unter schwierigen Bedingungen stets einwandfreie Arbeit.
Zusammenfassung	Sie erledigte alle Arbeiten stets zu unserer vollsten Zufriedenheit.
Sozialverhalten	Wegen ihrer stets verbindlichen, kooperativen und hilfsbereiten Art sowie ihrer Fachkenntnisse war

	Frau Moritz ihren Vorgesetzten eine wertvolle Stütze und den Kollegen eine geschätzte Partnerin.
Schlussformulierung	Frau Moritz verlässt uns auf eigenen Wunsch. Wir danken ihr für die stets sehr produktive und erfolgreiche Zusammenarbeit und bedauern außerordentlich, eine so hervorragende Mitarbeiterin zu verlieren. Wir können sie bestens weiterempfehlen. Wir wünschen ihr für die Zukunft privat alles Gute und geschäftlich weiterhin viel Erfolg.

Beispiel Einkäuferin, Zeugnis mit der Note 3	
Die Überschrift	Zeugnis
Die Einleitung	Frau Angela Moritz, geboren am 01.01.1960 in Hamburg, war vom 01.01.1996 bis zum 31.12.2001 in unserem Hause als Einkäuferin tätig.
Unternehmensdarstellung	Unser Unternehmen ist führend in ....
Tätigkeitsbeschreibung	Ihr Aufgabengebiet umfasste im Wesentlichen folgende Tätigkeiten: – Auswahl der Lieferanten und Abschließen der Lieferverträge zusammen mit der Geschäftsleitung, – Bearbeitung von Bestellungen, Lieferzeitanfragen und Reklamationen, – Klärung von technischen Problemen, – Übersetzungen von Anfragen in englischer Sprache und Weiterleitung an die technische Vertriebsunterstützung,

	– Angebotserstellung und eventuelle Übersetzung für unsere Vertretungen und Tochtergesellschaften, – Überwachung von Lieferterminen, Abstimmung mit dem Versand und Koordination der Transporte mit dem Ausland. Im Rahmen der Kundenbetreuung gehörten gelegentliche Messebesuche ebenso zum Zuständigkeitsbereich von Frau Moritz wie Besuche bei unseren Partnern im Ausland.
Leistungsbeurteilung	
1. Fachkenntnisse	Frau Moritz nutzte ihre soliden Fachkenntnisse erfolgreich.
2. Arbeitsleistung/Leistungsbereitschaft	Sie zeigte stets Eigeninitiative und große Einsatzbereitschaft.
3. Belastbarkeit/Leistungsfähigkeit	Frau Moritz findet sich in neuen Situationen gut zurecht und ist auch in der Lage, komplizierte Zusammenhänge zu erfassen.
4. Arbeitsweise	Frau Moritz ergriff von sich aus die Initiative und setzte sich mit Einsatzbereitschaft für unser Unternehmen ein.
5. Arbeitserfolg	Aufgrund ihrer Arbeitsweise und ihrer Berufserfahrung war Frau Moritz in der Lage, auch schwierige Probleme erfolgreich zu lösen.
Zusammenfassung	Sie erledigte alle Arbeiten zu unserer vollen Zufriedenheit.
Sozialverhalten	Ihr persönliches Verhalten war einwandfrei. Bei Vorgesetzten und Kollegen war sie geschätzt.

Schluss-formulierung	Frau Moritz verlässt uns auf eigenen Wunsch. Wir danken ihr für die produktive Zusammenarbeit und wünschen ihr alles Gute und weiterhin Erfolg.

Beispiel Einkäuferin, Zeugnis mit der Note 5	
Die Überschrift	Zeugnis
Die Einleitung	Frau Angela Moritz, geboren am 01.01.1960 in Hamburg, war vom 01.01.1996 bis zum 31.12. 2001 in unserem Hause als Einkäuferin tätig.
Tätigkeits-beschreibung	Ihr Aufgabengebiet umfasste im Wesentlichen folgende Tätigkeiten: – Bearbeitung von Bestellungen, Lieferzeitanfragen und Reklamationen, – Übersetzungen von Anfragen in englischer Sprache, – Überwachung von Lieferterminen, – gelegentliche Messebesuche.
Leistungs-beurteilung	
1. Fach-kenntnisse	Frau Moritz verfügte über entwicklungsfähige Fachkenntnisse in ihrem Fachbereich.
2. Arbeitsleistung/Leistungsbereitschaft	Sie zeigte Eigeninitiative und Einsatzbereitschaft.
3. Belastbarkeit/Leistungsfähigkeit	Frau Moritz ist mit Unterstützung ihrer Vorgesetzten neuen Situationen im Wesentlichen gewachsen.

4. Arbeitsweise	Frau Moritz bewältigte die entscheidenden Aufgaben im Allgemeinen zuverlässig.
5. Arbeitserfolg	Frau Moritz zeigte sich um eine zufriedenstellende Arbeitsqualität bemüht.
Sozialverhalten	Bei Kollegen und Vorgesetzten war sie beliebt.
Schlussformulierung	Frau Moritz verlässt uns mit dem heutigen Tage.

Beispiel Chefsekretärin, Zeugnis mit der Note 1	
Die Überschrift	Zeugnis
Die Einleitung	Frau Brigitte Schrader, geboren am 01.01.1966 in München, war vom 01.06.1993 bis zum 31.03.2001 in unserem Hause als Chefsekretärin der Geschäftsleitung tätig.
Unternehmensdarstellung	Unser Unternehmen ist führend in …
Tätigkeitsbeschreibung	Ihr Aufgabengebiet umfasste im Wesentlichen folgende Tätigkeiten: – Führen des Geschäftleitungssekretariats. – Sie wurde dabei von einer Halbtagskraft unterstützt. – Führen der vertraulichen Korrespondenz. – Führen des Terminkalenders der Geschäftsleitung. – Planen und Organisieren der Dienstreisen. – Planen und Organisieren aller Geschäftsbesuche und Meetings in unserem Hause.

	Zu den weiteren Aufgaben von Frau Schrader gehörte die terminliche Projektverfolgung bei An- und Verkauf von Unternehmensteilen. Im Rahmen von wichtigen Treffen begleitete sie den Geschäftführer im In- und Ausland. Zusätzlich war sie mit der Lösung von ablauforganisatorischen Problemen im Hause beschäftigt.
Leistungsbeurteilung	
1. Fachkenntnisse	Frau Schrader besitzt umfassende Fachkenntnisse auf allen relevanten Gebieten, insbesondere durch ihr BWL-Studium ein sehr gutes Verständnis für Unternehmenszahlen und die Zusammenhänge innerhalb unseres Hauses. Ihre Kenntnisse in Englisch und Französisch sind verhandlungssicher.
2. Arbeitsleistung/Leistungsbereitschaft	Sie zeigte stets Eigeninitiative und beeindruckte durch ihre große Einsatzbereitschaft, auch am Abend und an den Wochenenden, wenn es die Arbeit verlangte. Frau Schrader ergriff von sich aus die Initiative und setzte sich mit überdurchschnittlicher Einsatzbereitschaft für unser Unternehmen ein. Bei repräsentativen Terminen trat sie stets sehr vorbildlich auf.
3. Belastbarkeit/Leistungsfähigkeit	Frau Schrader war jederzeit bereit und fähig, neue Projekte im Rahmen von Firmenkäufen durch großen Einsatz und konstruktive Vorschläge zu unterstützen.
Besondere Leistung	Besonders hervorheben möchten wir, dass wir Frau Schrader einen hervorragenden Informationsfluss innerhalb unseres Hauses und zu unseren Tochtergesellschaften zu verdanken haben. Dank dieses Systems hat heute jeder leitende Angestellte minutenaktuell alle wichtigen Unternehmensdaten im Zugriff.

4. Arbeitsweise	Frau Schrader war stets völlig loyal und diskret. Sie genoss stets das absolute Vertrauen der Geschäftsleitung und hatte daher Zugang zu allen geschäftspolitischen Daten des Unternehmens.
5. Arbeitserfolg	Frau Schrader beeindruckte durch eine konstant sehr gute Arbeitsqualität. Sie ist eine perfekte Chefsekretärin.
Zusammenfassung	Sie erledigte alle Arbeiten stets zu unserer vollsten Zufriedenheit.
Sozialverhalten	Wegen ihrer stets verbindlichen, kooperativen und hilfsbereiten Art sowie ihrer Fachkenntnisse war Frau Schrader ihrem Vorgesetzten eine wertvolle Stütze und den Kollegen eine geschätzte Partnerin. Zu Externen war ihr Verhalten stets sehr vorbildlich.
Schlussformulierung	Frau Schrader verlässt uns auf eigenen Wunsch. Wir verlieren mit Frau Schrader eine sehr tüchtige Leistungsträgerin, was wir sehr bedauern. Wir danken für die sehr gute Zusammenarbeit und wünschen für die Zukunft weiterhin viel Erfolg und alles Gute.

Beispiel Chefsekretärin, Zeugnis mit der Note 3

Die Überschrift	Zeugnis
Die Einleitung	Frau Brigitte Schrader, geboren am 01.01.1966 in München, war vom 01.06.1993 bis zum 31.03.2001 in unserem Hause als Chefsekretärin der Geschäftsleitung tätig.
Unternehmensdarstellung	Unser Unternehmen ist führend in …
Tätigkeitsbeschreibung	Ihr Aufgabengebiet umfasste im Wesentlichen folgende Tätigkeiten: – Führen des Geschäftleitungssekretariats.

- Sie wurde dabei von einer Halbtagskraft unterstützt.
- Führen der vertraulichen Korrespondenz.
- Führen des Terminkalenders der Geschäftsleitung.
- Planen und Organisieren der Dienstreisen.
- Planen und Organisieren aller Geschäftsbesuche und Meetings in unserem Hause.

Zu den weiteren Aufgaben von Frau Schrader gehörte die terminliche Projektverfolgung bei An- und Verkauf von Unternehmensteilen.

Leistungsbeurteilung

1. Fachkenntnisse	Durch ihre sehr aktive Einstellung in Verbindung mit ihren guten Kenntnissen führte Frau Schrader ihre Aufgaben stets zu unserer Zufriedenheit durch. Durch ihr BWL-Studium verfügt sie über ein gutes Verständnis für Unternehmenszahlen und die Zusammenhänge innerhalb unseres Hauses. Ihre Kenntnisse in Englisch und Französisch sind gut.
2. Arbeitsleistung/Leistungsbereitschaft	Sie zeigte stets Eigeninitiative und Einsatzbereitschaft, auch außerhalb der Dienstzeit. Bei repräsentativen Terminen trat sie stets gut auf.
3. Belastbarkeit/Leistungsfähigkeit	Die von ihr gezeigten Arbeitsergebnisse entsprachen stets den Anforderungen.
4. Arbeitsweise	Frau Schrader war loyal und diskret. Sie genoss das absolute Vertrauen der Geschäftsleitung und hatte daher Zugang zu allen geschäftspolitischen Daten des Unternehmens.

5. Arbeitserfolg	Frau Schrader zeigte eine konstant gute Arbeitsqualität.
Zusammenfassung	Sie erledigte alle Arbeiten zu unserer vollen Zufriedenheit.
Sozialverhalten	Ihr persönliches Verhalten gegenüber Vorgesetzten und Kollegen war einwandfrei.
Schlussformulierung	Frau Schrader scheidet auf eigenen Wunsch bei uns aus. Wir danken ihr für die Zusammenarbeit und wünschen ihr alles Gute für die Zukunft.

11 Prüfen Sie Ihr Zeugnis

Checkliste für die äußere Form des Zeugnisses:

- Ist der Gesamteindruck des Zeugnisses ansprechend?
- Ist das Zeugnis auf dem üblicherweise verwendeten Firmenbogen geschrieben (Seite 1)?
- Ist das Zeugnis auf einem DIN-A4-Bogen geschrieben?
- Ist das Zeugnis gefaltet oder zerknittert?
- Weist das Zeugnis Beschmutzungen, unsauberen Druck oder Beschädigungen auf?
- Sind Rechtschreibfehler im Zeugnis?
- Sind zwischen einzelnen Wörtern „zufällig" zwei Leerzeichen statt einem?
- Sind einzelne Wörter unterstrichen?
- Gibt es ein Ausrufezeichen im Arbeitszeugnis?
- Sind Worte mit Anführungszeichen gekennzeichnet?
- Hat das Arbeitszeugnis die „richtige" Länge?

Checkliste für ein einfaches Arbeitszeugnis:

- Trägt das Zeugnis eine Überschrift? (Zeugnis, Zwischenzeugnis, Ausbildungszeugnis usw.)
- Sind Ihr Vor- und Nachname sowie gegebenenfalls der Geburtsname korrekt geschrieben?
- Sind Geburtsdatum und Geburtsort richtig wiedergegeben?

- Stimmt jeweils das Datum von Beginn und Ende des Arbeitsverhältnisses?
- Wird die ausgeübte Tätigkeit genau und vollständig beschrieben?
- Sind spezielle Fachkenntnisse und besondere Erfahrungen im Zeugnis angemessen berücksichtigt?
- Wurde das Zeugnis auf dem üblicherweise verwendeten Firmenbogen geschrieben?
- Sind Ort und Datum der Ausstellung des Zeugnisses genannt?
- Ist das Zeugnis vom Geschäftsführer/Prokuristen und/ oder dem Vorgesetzten und/oder der Personalabteilung unterschrieben?
- Erscheint unterhalb der Unterschrift der Name in Maschinenschrift noch einmal?

Checkliste für ein qualifiziertes Arbeitszeugnis:

- Trägt das Zeugnis eine Überschrift? (Zeugnis, Zwischenzeugnis, Ausbildungszeugnis usw.)
- Sind Ihr Vor- und Nachname sowie gegebenenfalls der Geburtsname korrekt geschrieben?
- Sind Geburtsdatum und Geburtsort richtig wiedergegeben?
- Stimmt jeweils das Datum von Beginn und Ende des Ausbildungs-/Beschäftigungsverhältnisses und ist dieses überhaupt angegeben?
- Ist eine kurze Unternehmensdarstellung enthalten?
- Wird die ausgeübte Tätigkeit genau und vollständig beschrieben?
- Sind spezielle Fachkenntnisse und besondere Erfahrungen im Zeugnis angemessen berücksichtigt und benotet?
- Sind Ihre Leistungen ausführlich und richtig beurteilt?

- Sind alle Leistungen aufgeführt oder wurde „aus Versehen“ etwas vergessen?
- Werden besondere Leistungen und Erfolge entsprechend gewürdigt/belegt?
- Entsprechen die Angaben zur Führung den Tatsachen?
- Werden bei leitenden Angestellten die besonderen Anforderungen an die Position beschrieben und korrekt benotet?
- Enthält ein Ausbildungszeugnis zusätzliche Aussagen (oder wenigstens einige) über Auffassungsgabe, Lernwilligkeit und -fähigkeit, Fleiß, Ordnung und Pünktlichkeit, Ehrlichkeit, Arbeitsverhalten, Arbeitsausführung, besondere Eignung, Initiative, Einsatzbereitschaft, soziales Verhalten, Berichtsheft?
- Wird der Grund für die Beendigung des Ausbildungs-/Beschäftigungsverhältnisses genannt?
- Wird im Zeugnis Bedauern über Ihr Ausscheiden aus dem Arbeitsverhältnis ausgedrückt?
- Wird Dank für die geleisteten Dienste ausgesprochen?
- Enthält die Schlussformulierung Wünsche für Ihre berufliche Zukunft?
- Sind Ort und Datum der Ausstellung des Zeugnisses genannt?
- Stimmen Austritts- und Austellungsdatum überein?
- Ist das Zeugnis vom Geschäftsführer/Prokuristen und/oder dem Vorgesetzten und/oder der Personalabteilung unterschrieben?
- Hat die Unterschrift „zufällige“ besondere Kennzeichen wie waagerechte oder senkrechte Striche vor oder nach der Unterschrift?

12 Schlusswort

Nun, haben Sie Ihr Arbeitszeugnis analysiert? Wenn Sie eine Eins bis Zwei haben, kann man nur gratulieren. Ihre Chancen bei Ihrer nächsten Bewerbung stehen ausgezeichnet, wenn Sie eine Tätigkeit in Linie Ihrer bisherigen Berufslaufbahn anstreben.

Sie haben eine Zwei bis Drei? Sie befinden sich damit im absoluten Mittelfeld. Nach unseren Beobachtungen dürften circa 80 Prozent der Arbeitszeugnisse in diesem Bereich liegen. Ihrem weiteren Fortkommen steht nichts im Wege. Es gibt auch einige „mildernde Umstände", die Personaler berücksichtigen: Sie sind noch Berufsanfänger oder Ihre Beschäftigungszeit war zu kurz, um Sie besser kennen zu lernen. In diesen Fällen ist fast immer mit dieser Benotung zu rechnen. Auf jeden Fall ist so ein Zeugnis eine gute Voraussetzung für den nächsten Job.

Wenn Sie eine Vier oder gar eine schlechtere Note im Zeugnis gefunden haben oder einen Satz aus der Giftküche, sollten Sie den Kopf nicht hängen lassen. Was kommt auf Sie zu? Sie müssen mit einer höheren Ablehnungsquote bei Bewerbungen rechnen und evtl. auch mit einer geringeren Entlohnung. Sie erhalten aber immer eine neue Chance, beim nächsten Job alles besser zu machen. Wichtig ist für Sie jetzt, die Punkte, die zu dieser Benotung geführt haben, für sich selbst genau zu analysieren.

Liegen diese Punkte beim Unternehmen? Das kommt gar nicht mal so selten vor. Vorgesetzte „rächen" sich an Mitarbeiterinnen, bei denen sie abgeblitzt sind, oder an Mitarbeitern, die höher qualifiziert waren als sie selbst. Sprechen Sie zuerst mit Ihrem ehemaligen Chef sachlich und in Ruhe. Das ist der preiswerteste und erfolgversprechendste Weg. Wenn das nichts hilft, ist der nächste Weg der zum Anwalt.

Oder lag es an Ihnen? Gehen Sie mit sich selbst ehrlich um. Damit Sie beim nächsten Mal nicht wieder denselben Fehler machen, ist es wichtig, sich die Gründe einzugestehen und die richtigen Schlüsse zu ziehen.

Auf jeden Fall kennen Sie jetzt die Gründe für die schlechte Benotung und können sich überlegen, was Sie im Bewerbungsgespräch zu diesen Punkten sagen wollen. Einfach ableugnen wird Ihnen nichts helfen, und den Job bekommt ein anderer. Kritischer Umgang mit den eigenen Fehlern wird dagegen sehr positiv gesehen. Sie wissen jetzt, dass Sie anderen Bewerbern gegenüber im Wettbewerb um einen neuen Job eventuell einen Nachteil haben. Das können Sie jetzt zu Ihrer Stärke machen und konstruktiv damit umgehen. Sie sollten überzeugend argumentieren können, dass Sie die Probleme erkannt und für sich bewältigt haben. Der Personaler sollte den Eindruck gewinnen, dass diese Probleme im neuen Job nicht mehr auftauchen. Zusätzlich können Sie etwas anbieten, einige kostenlose Probetage oder ein geringeres Einstiegsgehalt oder die Bereitschaft, ungeliebte Schichten zu übernehmen oder … Ein schlechtes Zeugnis ist noch lange nicht das Ende, sondern ist die Chance für einen bedeutenden Wendepunkt.

Literatur

Baker, Anne u.a.: Arbeitszeugnisse. Entschlüsseln und mitgestalten. Freiburg 2008

Hesse, Jürgen / Schrader Hans-Christian: Arbeitszeugnisse. Professionell erstellen, interpretieren, verhandeln. Frankfurt 2008

Huber, Günther: Das Arbeitszeugnis in Recht und Praxis. Rechtsgrundlagen, Formulierungshilfen, Textbausteine, Zeugnisanalyse. Freiburg 2009

List, Karl-Heinz: Arbeitszeugnisse für Führungskräfte. Zeugnisse ergebnisorientiert und individuell formulieren. Regensburg 2004

Zeugnisgenerator 2.0 (Eine sehr häufig eingesetzte Software mit vorformulierten Textbausteinen zum Verfassen von Arbeitszeugnissen)

Stichwortverzeichnis